POMPEJI 6

Ein Vesuvausbruch hat die römische Stadt begraben, sie gerade dadurch aber gut konserviert.
Tipp: Das perfekte Pompeji-Selfie mit Apollontempel und Vesuv dahinter? Stell dich am südwestlichen Ende des Forums mit dem Rücken zum Tempel!

➤ S. 96, Neapel & Kampanien

PARCO NAZIONALE D'ABRUZZO, LAZIO E MOLISE 7

Der älteste Naturpark des Apennins ist ein Wander- und Bärenparadies.

➤ S. 67, Die südliche Adria

SASSI IN MATERA 8

Die faszinierenden Höhlenwohnungen und Grotten der Felsstadt gehören zum Unesco-Welterbe.
Tipp: Vom Hügel gegenüber, dem Belvedere di Murgia Timone, hast du die beste Sicht auf das Häusermeer.

➤ S. 112, Der Süden

MONTE POLLINO 9

Die großartige süditalienische Berglandschaft mit knorrigen Panzerkiefern auf der Grenze zwischen Basilikata und Kalabrien.

➤ S. 113, Der Süden

PAESTUM 10

Drei wunderbare Tempel aus der Zeit der griechischen Besiedlung Süditaliens.
Tipp: Fotografier die Tempel im Abendlicht: Von der Porta Marina aus fällt die Abendsonne auf die Tempel.

➤ S. 100, Neapel & Kampanien

INHALT

⏱	Besuch planen	🍴	Essen/Trinken
€–€€€	Preiskategorien	🛍	Shoppen
(*)	Kostenpflichtige Telefonnummer	🍸	Ausgehen
		🏖	Top-Strände

(🗺 A2) Herausnehmbare Faltkarte
(🗺 a2) Zusatzkarte auf der Faltkarte
(0) Außerhalb des Faltkartenausschnitts

BESSER PLANEN
MEHR ERLEBEN!

Digitale Extras
go.marcopolo.de/app/its

DAS BESTE ZUERST

Ein noch kaum entdecktes Sommerparadies: Ponza und seine Nachbarinseln

BEST OF

BEI REGEN

SCHÖN, AUCH WENN ES REGNET

MITTELALTERLICHE BURG
Burgen und Burgruinen gibt es zuhauf in Süditalien. Mach einen Rundgang durch die Säle von *Castel del Monte,* der wohl geheimnisvollsten Burganlage des Landes!
➤ S. 74, Die südliche Adria

SIGHTSEEING IM DOPPELDECKER
Hop on beim nächsten Schauer, hop off, wenn die Sonne wieder rauskommt: Mit dem *City-Sightseeingbus* in Neapel kannst du, wenn es sein muss, einen ganzen Tag lang dem Regen trotzen.
➤ S. 90, Neapel & Kampanien

NEAPELS UNTERWELT
Steig hinab ins *Napoli Sotterranea,* in die *Ausgrabungen eines römischen Marktviertels unter der Kirche San Lorenzo Maggiore* oder in die *Galleria Borbonica:* Wegen der hohen Luftfeuchtigkeit ist es dort zwar auch nicht ganz trocken, aber so spannend, dass du den Regen oben vergisst.
➤ S. 85, 87, 89, Neapel & Kampanien

KUNST IN DER METRO
Die *Stationen der Metrolinie 1* im Zentrum von Neapel haben zeitgenössische, international bekannte Künstler gestaltet.
➤ S. 89, Neapel & Kampanien

FELSENKIRCHEN BEI MATERA
In der Umgebung von Matera verstecken sich zahlreiche *Grottenkirchen* voller byzantinischer Freskenmalereien – eine wunderbare Zuflucht, wenn der Himmel seine Schleusen öffnet (Foto).
➤ S. 112, Der Süden

UNTERIRDISCHE TOTENSTÄDTE
Am Stadtrand von Rom befinden sich spannende *Katakomben* der ersten Christen, bei deren Besichtigung das Wetter nie eine Rolle spielt.
➤ S. 46, Rom & Latium

BEST OF LOW-BUDGET

FÜR DEN KLEINEN GELDBEUTEL

HEILIG'S BLECHLE – UND ZWAR GANZ WÖRTLICH

Dein Auto ist dir kostbar und heilig? Aber warum denn nur dir? Lass es segnen von der Madonna vom Rosenkranz! Das geht in *Pompeji* – und sogar ganz umsonst!

➤ S. 96, Neapel & Kampanien

KOLOSSAL GESPART

Das bedeutendste Amphitheater der römischen Antike musst du beim Besuch der Ewigen Stadt erleben! Und mit ein bisschen Glück bzw. geschicktem Timing sparst du sogar den recht happigen Eintritt: Jeden ersten Sonntag im Monat kannst du in Italien alle staatlichen Museen kostenlos besichtigen – und dazu zählt auch das *Kolosseum*.

➤ S. 42, Rom & Latium

KUNST IM KAFFEEHAUS

Okay, den Espresso musst du bezahlen, aber die Belle-Époque-Kunst an der Wand ist kostenfrei: Das legendäre *Gran Caffè Gambrinus* in Neapel beherbergt eine einmalig wertvolle Bildersammlung.

➤ S. 91, Neapel & Kampanien

GRIECHISCHE SCHÄTZE IN APULIEN

In der Nähe von Castel del Monte liegt das hübsche Städtchen Ruvo di Puglia. Schöne antike Vasen und andere archäologische Funde kannst du dort im entzückenden *Museo Nazionale Jatta* kostenlos bewundern.

➤ S. 74, Die südliche Adria

THERMALBAD FÜR LAU

Normalerweise wird deine Urlaubskasse bei einem Wellnesstag in einer Therme ordentlich geschröpft. Auf Ischia gehts auch anders: In der *Sorgeto-Bucht* badest du in brodelnd heißen Quellen im Meer, ohne einen Cent dafür zu zahlen (Foto).

➤ S. 93, Neapel & Kampanien

BEST OF MIT KINDERN

SPANNENDES FÜR GROSS & KLEIN

AUF SAFARI IN ROM
Neben Roms Wappentier, dem Wolf, gibt es im *Bioparco* noch mehr als 200 weitere Tierarten zu entdecken. Besonders spannend: Im Sommer kannst du auch nachts auf Safari gehen!
➤ S. 44, Rom & Latium

MIT ASTERIX IM FORUM
Wer könnte Kindern die Geschichte Roms besser nahebringen als der Römerschreck Asterix? Die Stadtführer von *Romacults* wissen, was Kids und Jugendliche an Roms Geschichte begeistert.
➤ S. 49, Rom & Latium

IM PUPPENMUSEUM
Das weit über Neapel hinaus bekannte *Ospedale delle Bambole* in der Altstadt ist auch eine Puppenklinik; an erster Stelle jedoch ist es ein reizendes Puppenmuseum, das kleine und große Besucher stets begeistert.
➤ S. 86, Neapel & Kampanien

UNTERWEGS AUF MONSTERTOUR
Bei Bomarzo tut sich der *Sacro Bosco* auf, der „Heilige Wald", auch Monsterpark genannt: In einer herrlichen Parklandschaft gilt es, groteske bis dämonische Steinskulpturen, Giganten, berittene Schildkröten und steinerne Höllenschlünde zu finden.
➤ S. 51, Rom & Latium

JA SIND WIR DENN IN AFRIKA?
Exotischen Tieren aus fünf Kontinenten begegnest du auf einer Safari zwischen uralten Olivenbäumen in Italiens größtem Safaripark *Zoosafari* (Foto).
➤ S. 76, Die südliche Adria

QUIETSCHVERGNÜGT IM WASSERPARK
Riesenrutschen und Schwimmbecken mit künstlichen Wellen: In Vasto begeistert Kinder und Jugendliche der größte Wasservergnügungspark an der südlichen Adria, das *Aqualand del Vasto*.
➤ S. 71, Die südliche Adria

PIZZAHEIMAT NAPOLI

Darüber lässt sich nicht diskutieren: Die beste Pizza gibt es in Neapel. Hier haben sie den belegte Fladen (Foto) im 19. Jh. erfunden. Stellt sich noch die Frage nach der besten Pizzeria. In der Altstadt schwören viele auf die *Pizzeria Piscopo.*

➤ S. 91, Neapel & Kampanien

THERMENENTSPANNT

Schon die Römer erholten sich in den heißen Quellen Süditaliens. Aal dich in Apulien in den Thermen von *Santa Cesarea Terme!*

➤ S. 79, Die südliche Adria

ANTIKES UNTER DER ASCHE

Für die Einwohner war es 79 n. Chr. eine Katastrophe, für die Geschichte ein einmaliger Glücksfall: Begraben unter Lava und Asche, haben sich in *Pompeji* und *Herculaneum* auf einzigartige Weise zwei Städte der Antike erhalten.

➤ S. 96, Neapel & Kampanien

ECHTER MOZZARELLA AUS KAMPANIEN

Der echte Mozzarella ist ein Frischkäse aus Büffelmilch. Koste einen originalen *mozzarella di bufala campana* (aufs Gütesiegel DOP achten!), z. B. in einer der Käsereien bei Paestum.

➤ S. 100, Neapel & Kampanien

RELIGIÖSE INBRUNST

Umzüge gehören in Süditalien zu religiösen Feiern dazu. Das *Fronleichnamsfest* begeht man am Bolsenasee mit prächtigen Blumenprozessionen.

➤ S. 52, Rom & Latium

AUF GRIECHISCHEN SPUREN

Das Ionische Meer ist benannt nach Io, einer Geliebten von Göttervater Zeus, Neapel wurde von den Griechen gegründet und in ganz Süditalien reiht sich eine griechische Kolonie an die andere. Am konzentriertesten findest du griechische Spuren um *Sibari.*

➤ S. 107, Der Süden

SO TICKT SÜD ITALIEN

... bzw. so knattert Süditalien: die dreirädrigen „Ape“-Lastwägelchen

TUTTO
0,80
AL KILO

ENTDECKE SÜDITALIEN

Wenn Italiens Berge blühen: Hochplateau Campo Imperatore in den Abruzzen

Der *Mezzogiorno* ist das Land des Mittags: Hier scheint die Sonne zu Hause zu sein. Das milde Klima, die zahllosen Spuren der europäischen Kulturgeschichte, eine vorzügliche Mittelmeerküche und die kontrastreiche Natur mit unendlichen Küsten, urtümlichen Bergwelten und uralten Olivenbaumhainen machen aus dem Süden ein besonders attraktives Reiseziel.

ALS RÜCKGRAT DER VERBINDENDE APENNIN

Italiens Süden beginnt in den Abruzzen mit dem kalkhellen Massiv des Gran Sasso d'Italia, mit 2912 m die höchste Spitze des italienischen Apennins. Hinzu kommen die Bergwelt des Nationalparks der Abruzzen, in dem wieder Wölfe und Bären leben, sowie die Maiellagruppe. Zu entdecken gibt es eine vielfätige Bergwelt mit kleinen, malerischen Ortschaften und Seen sowie schroffe Küstenabschnitte.

- **8.–3. Jh. v. Chr.** Griechen gründen Kolonien (Magna Graecia)
- **4.–1. Jh. v. Chr.** Römische Vormachtstellung im Mittelmeerraum
- **4.–5. Jh. n. Chr.** Niedergang des Römischen Reichs
- **11.–13. Jh.** Kulturelle Blütezeit Süditaliens unter Normannen und Staufern
- **13.–16. Jh.** Karl von Anjou baut das Königreich Neapel aus, 1458 fällt es ans spanische Königshaus
- **18./19. Jh.** Herrschaft der Bourbonen über Süditalien

Apulien prägen die mit Weizenfeldern und Trauben überspannten Ebenen des Tavoliere und der wunderbare Wald auf dem Stiefelsporn Gargano, die Foresta Umbra. Die Basilikata teilt sich mit Kalabrien das stille, weite Pollinomassiv mit den bizarren, uralten Panzerföhren. Ganz im Süden folgen schließlich die dichten Wälder im Sila- und Aspromontegebirge, mit denen der Apennin auf der Stiefelspitze ausläuft. Und dann natürlich Kampanien mit Bergen, Wäldern und Grotten im Cilento und dem zwar schlafend wirkenden, aber dennoch aktiven Vulkan Vesuv.

TRAUMSTRÄNDE OHNE ENDE

Auch die vielseitige Küstenlandschaft hat alles zu bieten, was Urlauber sich nur wünschen können: Auf die kinderfreundlichen, flachen Sandstrände an der Adriaküste der Abruzzen und des Molise folgt das bewegte Wechselspiel aus Sand- und Kiesbuchten, Felsküsten und Meeresgrotten in Apulien. Dem schließt sich in der Basilikata die Ebene von Metapont am Golf von Tarent an mit ihren flachen, weiten Stränden.

Die Küste Kalabriens wiederum bietet ein Auf und Ab an Stränden und Felsklippen, Höhepunkte sind die Halbinsel Isola di Capo Rizzuto und die Klippen über dem traumhaften Sandstrand von Tropea. An das Tyrrhenische Meer stößt dann noch mal ein Stück der Basilikata mit einem besonders schönen Küstenabschnitt an, dem Golf von Policastro mit dem Hauptort Maratea. Darauf folgt der Cilento, die Bergwelt Kampaniens, die mit wunderbaren Strandbuchten und geheimnisvollen Grotten ins Meer hineinreicht. Der vielleicht schönste Küstenabschnitt ganz Italiens bei Amalfi an der Südseite der Halbinsel von Sorrent heißt zu Recht

1861
Süditalien ist Teil des neu gegründeten Königreichs Italien, Rom wird 1871 Hauptstadt

1922–1943
Italien unter der Diktatur von Benito Mussolini

1946
Italien wird Republik

Ab 1950
Halbherzige Versuche, den Süden durch Investitionen zu fördern

2019
Matera ist Kulturhauptstadt Europas

2020
Covid-19 trifft auch Süditalien, aber bei Weitem nicht so schwer wie Norditalien

Costiera Divina, Göttliche Küste. An der Nordseite der Halbinsel beginnt der weite Golf von Neapel mit seinen drei so unterschiedlichen Inseln Capri, Ischia und Procida. Höhepunkte an der Küste des Latium bilden die Dünen des Naturparks Circeo, der Golf von Gaeta und die Inseln Ponza und Ventotene.

DIE ZUKUNFT DES SÜDENS

Naturschutz wird neuerdings vor allem von den jüngeren Generationen großgeschrieben, was auch dringend nötig ist, denn die wilde Zersiedelung der letzten Jahrzehnte sowie unzählige im Rohbau stehen gelassene Schwarzbauten haben ihre unschönen Spuren hinterlassen. Junge Süditaliener tun sich zu Kooperativen zusammen und erschließen als Wanderführer die grandiosen Bergwelten für sanften Naturtourismus. Sie greifen traditionelle Volksmusik, altes Handwerk, kulinarische Traditionen wieder auf und überall ist spürbar, dass sie die Zukunft des Südens im Tourismus sehen.

WIEGE DER EUROPÄISCHEN KULTUR

Politisches, wirtschaftliches und religiöses Zentrum (Süd-)Italiens ist Rom. Die Römer mischten sich mit dem alten Kulturvolk der Etrusker, die Jahrhunderte vor der Zeitenwende Mittelitalien mit komplexen, hochkulturellen Stadtgemeinschaften besiedelten. Ihr kostbares Erbe kannst du heute in ihren ausgegrabenen Totenstädten und in den reichen Museen in und um Rom bewundern. Die Römer assimilierten aber auch das griechische Erbe: Die Griechen waren vor 2700 Jahren zunächst auf Ischia, dann auf dem Festland bei Neapel sowie in Sibari an der Ostküste Kalabriens gelandet. Damit begann der Aufbau einer durch Handel, hoch entwickeltes Handwerk, wissenschaftliche Kenntnisse und philosophische Schulen reichen Kolonie aus über 40 Städten längs der Küste Süditaliens – die Wiege der europäischen Kultur. Ausgrabungsstätten, Museen und die wunderbare Tempelanlage in Paestum zeigen die sichtbaren Reste.

MULTIKULTI-EINFLÜSSE SCHON IM MITTELALTER

Mit dem Zusammenbruch des römischen Imperiums im 4. Jh. begann ein neues Kapitel der Geschichte Süditaliens: das der ständig wechselnden Herrscher, die aus fremden Ländern über die Alpen oder vom Meer kommend eindrangen: Byzantiner, Sarazenen, Langobarden, Araber, Normannen, Staufer, Spanier, Franzosen, Bourbonen, Habsburger. Von ihnen sieht man heute überall noch Paläste, mächtige Kastelle und schöne Kirchen.

Mit der Verständigung klappt es übrigens selbst in abgelegenen Dörfern oft erstaunlich gut: Die Jungen sprechen heute selbstverständlich Englisch und von den Älteren können viele noch etwas Deutsch aus ihrer Zeit als Arbeitsimmigranten in Deutschland und der Schweiz. Nun leben sie friedlich ihren Lebensabend im Heimatort, wo sie Gemüse und Wein ziehen und am Nachmittag auf die Piazza oder in die Bar zu einer Kartenrunde *briscola* gehen.

AUF EINEN BLICK

19.838.000
Einwohner

Süddeutschland (Baden-Württemberg und Bayern): 24.147.000

219 Ew./km²
Bevölkerungsdichte

in Kampanien: 427
in der Basilikata: 56

2743 km
Küstenlänge (nur Süditalien)

Entspricht ungefähr der Entfernung (Luftlinie) Nordkap–München

90.471 km²
Fläche

Süddeutschland (Baden-Württemberg und Bayern): 106.301 km²

NUDELVERZEHR PRO KOPF UND JAHR

25–26 kg

Deutsche: 9 kg

WÄRMSTER MONAT

AUGUST
30,3° C
in Neapel

HÖCHSTER BERG (CORNO GRANDE)

2912 m

Zugspitze: 2962 m

24 STERNE-RESTAURANTS

Damit führt die Provinz Neapel alle Provinzen Italiens an (Provinz Mailand: 14 Sterne-Restaurants)

POMPEJI

Beliebteste Sehenswürdigkeit (3,9 Mio. Besucher/Jahr; Neuschwanstein: 1,5 Mio.)

ANZAHL DER PIZZERIEN IN NEAPEL

8200

SÜDITALIEN VERSTEHEN

ITALIEN TOP DANK DOP

Aus Italien stammen die meisten mit einem EU-Qualitätssiegel ausgezeichneten Lebensmittel – und nicht weniger als 86 der 266 ausgezeichneten Produkte kamen 2019 aus Süditalien. DOP *(Denominazione d'Origine Protetta)* zeichnet Erzeugnisse mit geschützter Herkunft aus: Nur ganz bestimmte Regionen dürfen das Produkt herstellen und unter einem festgelegten Namen vertreiben. Der Büffelmozzarella etwa muss im Cilento und aus Büffelmilch von Kühen dieser Region hergestellt werden. Ähnliches gilt für Lakritze oder Wurstwaren aus Kalabrien. Das Gütesiegel IGP *(Indicazione Geografica Protetta)* erlaubt dagegen, dass ein typisches Produkt teilweise auch außerhalb der Urspungsregion und mit Zutaten hergestellt werden kann, die nicht aus der Region kommen: die roten Tropea-Zwiebeln etwa, Linsen aus Altamura oder Nudeln aus Gragnano. STG *(Specialità Tradizionale Garantita)* bezeichnet die traditonelle Herstellungsweise, egal wo das Produkt hergestellt wurde. Die neapolitanische Pizza etwa wird damit geschützt. Das Siegel DOCG *(Denominazione d'Origine Controllata e Garantita)* schließlich zeigt die höchste amtliche Qualitätsstufe für besonders herausragende Weine an. Gesetzlich geregelt sind dabei neben dem maximal zulässigen Ertrag pro Hektar u. a. auch die Anbaugebiete sowie die erlaubten Rebsorten.

OUTLAWS ODER WIDERSTANDSKÄMPFER?

Ländliche Outlaws, einst Bauern und Hirten, die in den unwegsamen Bergen des Apennins im Mezzogiorno lebten, durchziehen die süditalienische Geschichte seit der Antike. *Briganti* unterstützten etwa die Sklaven im legendären Spartakusaufstand 73–71 v. Chr., schlugen sich aber auch 1799 und 1806 auf die Seite der feudalen Bourbonenmonarchie und des reaktionären Klerus gegen die jakobinischen Franzosen und das heimische aufgeklärte Bürgertum. Briganten waren eigentlich mittellose ehemalige Soldaten und Banditen, die sich kaufen ließen. Nach der Einigung Italiens 1861 entwickelte sich daraus eine politische Bewegung. Vor allem die Bauern und Armen im Süden Italiens wehrten sich mithilfe der Briganten gegen die staatliche Steuerpoltik. Zahllose Geschichten verklärten die Briganten im Lauf der Zeit zu Volkshelden. Heute versteht man die *briganti* in Süditalien als politisch motivierte Widerstandskämpfer, die die Armen und Betrogenen verteidigt haben. Der Mythos lebt in einer Festkultur fort: Sowohl in der Basilikata als auch in Kalabrien zählen Brigantenfeste, natürlich mit großem Festbankett, zum Jahreszyklus.

AM FÜLLHORN DER NATUR

Natürlich trifft man überall im Süden Italiens auf die Klassiker mediterraner Vegetation: auf ausgedehnte Olivenhaine, Weingärten und Zitrusplantagen, auf immergrüne Macchia aus Steineiche, Mastix und Wacholder, auf ausladende Pinien und üppige Palmen, Bananenstauden und Feigenbäume. Augen und Nase auf heißt es unterwegs in der Natur: Duftende Kräuter wie die aromatische Rauke, Rosmarin und Thymian begeistern mit ihrem Wohlgeruch, bunte Orchideen, die oft frei und wild wachsen, betören neben der Nase auch das Auge.

Echte Naturhighlights sind jedoch die Bäume und Pflanzen, die es (fast) nur in Süditalien gibt: In Kalabrien wachsen etwa neben Zitronen und Orangen die Zedratzitronen und Bergamottefrüchte. Aus den ätherischen Ölen der Bergamotteschale wurde im 18. Jh. das erste Parfum hergestellt. Ebenfalls in Kalabrien soll der älteste Baum Europas stehen: Italus heißt eine Schlangenhautkiefer (auch Panzerföhre oder Lorica-Kiefer genannt) im Nationalpark Pollino, die gemäß einer Radiokarbondatierung mindestens 1230 Jahre alt sein soll.

EIN HEILIGER FÜR JEDE LEBENSLAGE

Allein in Neapel wird 52 verschiedenen Heiligen gehuldigt, an der Spitze natürlich San Gennaro, dem Patron Neapels, der dreimal im Jahr mit der Verflüssigung seines Bluts unter inbrünstigen Gebeten der Gläubigen sein orakelhaftes Placet zum Schicksal der Stadt liefert. Auch wenn Italien zu mehr als 90 Prozent römisch-katholisch ist, praktizieren nur noch wenige ihren Glauben regelmäßig in der Kir-

Für Parfumeure und Earl-Grey-Trinker die Königin der Früchte: kalabrische Bergamotten

che. Kultcharakter dagegen haben Heiligenaltärchen an der Straßenecke. Trotz der laizistischen Modernisierung des Mezzogiorno (Scheidung, Verhütungsmittel und Abtreibung haben sich längst durchgesetzt) spielen die Fürsprecher im Jenseits, die Madonna und zahllose Heilige mit ihren spezifischen Schutzgebieten wie Schmerzen, Liebe, Ernte, Studium, Seefahrt, Autofahren, Arbeit usw. eine große Rolle. Sie sind letztlich auch ein Erbe der heidnischen Göttervielfalt der Griechen und Römer. Den größten Zulauf erfährt derzeit ein moderner Heiliger: Rund 7 Mio. Menschen pilgern alljährlich an den Wirkungsort des 1968 gestorbenen Wunderheilers Padre Pio, nach San Giovanni Rotondo in Apulien. Italiens Stararchitekt Renzo Piano gestaltete die Pilgerstätte. Padre Pios Krankenhaus beschäftigt mittlerweile über 2500 Personen. Ob der Heilige die Bittrufe der Gläubigen nach Arbeitsplätzen erhört hat? Sein Krankenhaus ist immerhin das größte Unternehmen Apuliens.

LA FAMIGLIA

Nichts geht über die Familie, schon gar nicht im Süden Italiens, wo sie als Verbund gegenseitiger Hilfe unentbehrlich ist. Denn sie springt ein, wenn der Staat versagt: bei der (Jugend-)Arbeitslosigkeit, die hier Spitzen bis zu 50 Prozent erreicht, bei der chronischen Wohnungsnot, bei der Alten- und Krankenbetreuung. Und beim Nachwuchs: Die Großeltern sind unschlagbar als preiswerteste Babysitter. In der Verwandtschaft finden Süditaliener bevorzugt Freunde, aber auch Handwerker, den Arzt, den Anwalt, kurz: alle im Alltag wichtigen Personen, denen man dann auch blind vertrauen kann. Aus den Fugen bre-

Trotz steigender Scheidungsraten: Die Familie ist immer noch unangefochten chen die Familienstrukturen nur, wenn die Jungen notgedrungen in den Norden oder ins Ausland abwandern – denn oft finden sie nur dort Arbeit.

MEDITERRANE MELODIEN

Einer der weltweit bekanntesten italienischen Schlager wurde durch einen Sänger aus Apulien berühmt: „Volare" schmetterte einst Domenico Modugno (1928–1994). Klassikfreunde aus aller Welt schätzen die Konzerte des Dirigenten Riccardo Muti; er kommt aus Neapel und wuchs im apulischen Städtchen Molfetta auf. Der im Land selbst am meisten gefeierte Musikstar aus Süditalien war aber sicher Pino Daniele (1955–2015). Ihm gelang eine Verschmelzung von Blues, Rock und neapolitanischer Volksmusik, zahllose Lieder des Sängers sind Kult, vor allem in seiner Heimat Neapel, etwa „Napul'è" oder „Na tazzulella 'e cafè". Neben diesen Hits, in denen der Text eine bedeutende Rolle spielt und in denen es meist um große und kleine Gefühle geht, hörst du im Süden oft Tarantellamusik: Volkstanzgruppen aus Apulien und Kampanien, die in bunten Trachten zu rhythmischen Liedern im Dreiachtel- oder Sechsachteltakt auftreten und tanzen, sind vor allem bei Volksfesten sehr beliebt.

VIVA IL MEZZOGIORNO

Was assoziieren wir mit dem Süden Italiens? Rückständigkeit vielleicht und fehlende Produktivkraft, schließlich ist der Mezzogiorno die Heimat vieler Emigranten, die seit dem 19. Jh. und bis heute aufbrechen, um anderswo Arbeit zu finden. Seit einigen Jah-

KLISCHEE KISTE

MAFIA

Stimmt, die Mafia hat ihren Ursprung im italienischen Süden. Die *Cosa Nostra* kommt aus Sizilien, die *'ndrangheta* aus Kalabrien, die *Camorra* aus Neapel. Mitglieder dieser Clans gibt es vor Ort, aber auch anderswo, in New York ebenso wie in deutschen Städten. Erkennen kann man einen *mafioso* natürlich nicht, nur eines ist sicher: Cooles Gehabe und eine dunkle Sonnenbrille machen garantiert keinen *mafioso.* Als Tourist hast du nichts zu befürchten. In Gefahr ist nur, wer ihrem Business ins Gehege kommt.

ANYTHING GOES? ABER NICHT BEIM ESSEN!

Wir wissen: Teigwaren bilden ein Grundnahrungsmittel im Süden. *Al dente* müssen sie sein und mindestens einmal am Tag auf den Tisch kommen. Jede Sauce verlangt nach der passenden Nudelform, jeder hat seine Lieblingspasta. Ein Nudelgericht muss allein aufgetischt werden, Salat etwa geht gar nicht zeitgleich zur Pasta. Und komm auch nicht auf die Idee, das *primo* zusammen mit dem Hauptgericht auf demselben Teller anzurichten – es ist schließlich ein eigener Gang. Und die schlimmste aller Todsünden? Wenn jemand zum Essen oder kurz danach einen Cappuccino trinken möchte.

ren jedoch präsentiert sich der Süden in einem neuen Outfit: Der Mezzogiorno zeigt sich jetzt als attraktives, noch authentisches Reiseziel. Auch unterstützt die Regierung in Rom gezielt engagierte Kleinbetriebe und junge Selbstständige, die auf Tourismus setzen. Das milde Klima, die oft noch unberührten Gegenden und Dörfer, karibisch anmutende Strände, riesige Wälder sind nun gefragt – ganz zu schweigen von der aromenstarken Küche aus regionalem Obst und Gemüse und den immer stärker geschätzten, kräftigen Weinen.

MYTHOS NEAPEL

An Neapel scheiden sich die Geister: Während die einen es als Hölle abschreiben, sehen die anderen gerade in seinem labyrinthischen Chaos aus Zufall und Improvisation die urbane Zukunft, die postmoderne Aktualität mediterraner Städte. In den letzten Jahren hat es eine Fülle von Büchern, Artikeln, Talkshows, Debatten und Dokumentarfilmen über Neapel gegeben. Intelligente Revivals der klassischen *canzone napoletana* und junge neapoletanische Musiker und Liedermacher haben Hochkonjunktur, vor allem Rap mit zeitgenössischen, kritischen Texten ist angesagt. Literatur mit Neapel als Thema oder Kulisse füllt die Bestsellerlisten, von Roberto Saviano bis Elena Ferrante. Natürlich hat die Sehnsuchtsstadt auch ihre Schattenseiten: Bandenkriege in den Vorstädten sorgen immer wieder aufs Neue für Schlagzeilen. Das Müllproblem jedoch scheint die Stadt jetzt besser im Griff zu haben.

PIZZO

Der *pizzo*, das sogenannte Schutzgeld, das Industrielle, Laden- und Barbesitzer unter Drohungen in regelmäßigen Abständen an die organisierte Kriminalität zu zahlen gezwungen werden, ist der Nenner, den alle mafiosen Organisationen Süditaliens gemeinsam haben: die *Cosa Nostra* in Sizilien, die *Camorra* in Neapel und Kampanien, die ihren Rückhalt für illegales Glücksspiel, Schmuggel, Drogenhandel und die Fälschung von Markenartikeln vor allem in der armen Stadtbevölkerung findet, und die *'ndrangheta* in Kalabrien, die inzwischen auch das vergleichsweise wohlhabende Apulien als *Sacra Corona Unita* verunsichert.
So bringt der *pizzo* der Mafia alljährlich mindestens 10 Mrd. Euro ein – drei Prozent des italienischen Bruttoinlandsprodukts! Die organisierte Kriminalität verdient zudem reichlich an der Vergabe öffentlicher Aufträge. Natürlich sitzen einflussreiche Zellen dieser Organisationen auch in Norditalien und im Ausland. Während Justiz und Zivilgesellschaft zunehmend Widerstand leisten, brauchen sich Touristen nicht zu sorgen: An ihnen ist die organisierte Kriminalität kaum interessiert. Auch du kannst die Anti-*pizzo*-Bewegung *(addiopizzo.org, antiracket.info)* aktiv unterstützen: Die Liste *Pago chi non paga* („Ich bezahle den, der nicht bezahlt") nennt über 400 Geschäfte, Pizzerien und Restaurants in Neapel, die sich der Bürgerinitiative angeschlossen und sich verpflichtet haben, kein Schutzgeld an die örtliche Mafia zu bezahlen. Herunterzuladen ist sie als PDF unter *short.travel/its1*.

Nirgends saugst du Neapels wuseliges Flair intensiver ein als auf der Via San Gregorio Armeno

ESPRESSO? CAFFÈ!

Kaffeehäuser mit bequemen Sitzgelegenheiten gibt es selten in Süditalien. Eine der wenigen Ausnahmen ist das Belle-Époque-*Gran Caffè Gambrinus* in Neapel. Espresso sagt in Italien übrigens keiner, hier bestellst du einen *caffè* – und zwar zu jeder Tages- und Nachtzeit in einer der unzähligen Stehbars. Stark geröstet, hoch konzentriert, gerade mal zwei Fingerbreit hoch in der kleinen Tasse, wirkt er wie ein Tropfen Lebenselixier. Man trinkt ihn auch *ristretto* (noch konzentrierter mit weniger Wasser), *lungo* (lang, d. h. etwas verdünnt), *americano* (vergleichbar mit einem Filterkaffee), *macchiato* (mit ein paar Tropfen Milchschaum „befleckt"), *corretto* (mit einem Schuss Grappa oder Brandy „korrigiert"), *decaffeinato* (koffeinfrei) oder sogar *al ginseng*, aus Ginsengblättern. Im Sommer bekommst du den Kaffee auch kalt *(freddo)* oder herrlich erfrischend als *granita*, zu Eiskristallen gefroren. Das Zischen der Espressomaschine ist eines der typischsten Geräusche Italiens, die Bar der Treffpunkt schlechthin, der *caffè* am Tresen Anlass für eine kurze Verschnaufpause – und für Reisende eine wunderbare Gelegenheit, ganz unverbindlich ins zweite Zuhause der Italiener reinzuschnuppern.

SPRACHENWIRRWARR

Süditalien ist ein Land der Sprachenvielfalt. Neben den vielen süditalienischen Dialekten hörst du in einigen abgelegenen Dörfern in Kalabrien und Molise Albanisch, das heute noch die Nachfahren albanischer Siedler sprechen, die hier im 15. Jh. auf der Flucht vor den Türken landeten. Im apulischen Salento dagegen unterhalten sich Einheimische außer in ihrer Mundart auch in *griko* (Griechisch). Heimgekehrte ehemalige Gastarbeiter hingegen freuen sich überall, bei dir ihre oft rudimentären Deutschkenntnisse anzubringen.

ESSEN SHOPPEN SPORT

(All-)Tägliches Vergnügen: sich auf den Märkten durch die Köstlichkeiten naschen

ESSEN & TRINKEN

Die warme Sonne Süditaliens, unterirdische Quellen, fruchtbare Lavaerde: Ob auf den weiten Ebenen Apuliens, den Feldern im neapolitanischen Hinterland oder in den Zitrushainen an der Küste Sorrents und Amalfis: Überall gedeiht fast das ganze Jahr hindurch eine üppige Vielfalt an buntem Gemüse und saftigen Früchten.

Gewürzpflanzen und Kräuter wie Lorbeer, Rosmarin, Salbei, Origano, Thymian, Basilikum, Kapern entwickeln zwischen heißem Gestein ihren Duft. An Hausmauern und in Toreingängen hängen Zwiebel- und Knoblauchzöpfe, trocknen Tomaten und feuerrote Chilischoten, die *peperoncini.*

AROMATISCHES GEMÜSE

Süditalien ist das Paradies für Gemüseliebhaber: Es gibt Fenchel, Auberginen, Artischocken, Broccoli, Mangold, Rucola und andere Salate oder die wunderbar süßen roten Zwiebeln von Tropea. Und natürlich Tomaten, Tomaten, Tomaten – die gibt es zu allem, auf der Pizza, zur Pasta, zu Fisch und Fleisch, als Salat, getrocknet, eingelegt, gegrillt, gebacken, gefüllt.

Doch aufgepasst: Tomate ist nicht gleich Tomate! Die Sorte *cuore di bue* eignet sich für Salat oder für den *caprese*-Teller, weil sie herrlich fleischig ist, fest und sehr aromatisch. Die teure San-Marzano-Tomate dagegen mit ihrem saftigen Fruchtfleisch ist die ideale Saucentomate. Eine weitere Spezialität stammt aus der Vesuvgegend bei Neapel: Die Sorte *pomodorino del piennolo* kommt wie eine Cocktailtomate daher, hat jedoch ein kleines Schwänzchen. Diese kleinen Tomaten sieht man nach der Saison bisweilen in den Hauseingängen hängen; beim Trocknen entwickelt sie ein besonders konzentriertes Aroma.

Roh (wenn noch jung und weich) oder auf vielerlei Arten gekocht und gebra-

Ein Klassiker, bei dem du das Meer auf der Zunge spürst: *spaghetti alle vongole* (li.)

ten isst man die Artischocken. Roh schmecken auch die jungen, süßlichen Saubohnen *fave*, mit Schafskäse, Pfeffer, Öl und einem Spritzer Zitrone angemacht. Eine Delikatesse sind die eingelegten Gemüse *(sott'oli)*: in Olivenöl und Kräutern marinierte Auberginen- und Zucchinischeiben, Pilze, Artischockenherzen und vieles mehr – ideale Mitbringsel.

NUDELFREAKS UND PIZZAFANS

Aus Süditalien kommt auch der Grundpfeiler der italienischen Küche: die Pasta. Der beste Hartweizen fürs Pastamehl wächst in Apulien, der Kornkammer Italiens. Die Süditaliener essen im Schnitt knapp 26 kg Nudeln pro Jahr, ein Tag ohne Pasta geht im Mezzogiorno fast nicht. Genauso lieb ist den Süditalienern die Pizza. Fast Food mit Tradition und Nationalgefühl: Die beliebteste Pizza ist nach der Königin Margherita benannt und verkörpert die Farben der italienischen Flagge: Tomatenrot, Mozzarellaweiß und Basilikumgrün.

TIERISCH GUT

Die Fleischtradition Süditaliens kennt vor allem Schaf- und Ziegenfleisch, doch auch Schweinefleisch ist beliebt, in der Basilikata und in Kalabrien macht man besonders gute Würste daraus. Nach wie vor gibt es Innereien vom Lamm *(coratella)* und Kalbskutteln *(trippa)*, die oft in einer Vitrine vor der Metzgerei ausgestellt werden. Verzehrt werden sie in diesem Fall auf die Hand, mit einem Spritzer frischem Zitronensaft.

Natürlich spielen im fast rundherum von Meer umgebenen Süditalien auch Fisch und Meeresfrüchte eine kulinarische Hauptrolle. Vor allem der große Schwertfisch, der *pesce spada*, der an der Küste Kalabriens und Siziliens gefischt wird, aber auch *orata* (Goldbrasse), *tonno* (Thunfisch), *branzino* (Wolfsbarsch), Sardinen und Makrelen sowie Muscheln und alle Arten von Tintenfischen kommen auf den Tisch.

VON SCHAF UND ZIEGE, KUH UND BÜFFEL

Aus Schaf- oder Ziegenmilch sind die klassischen Käsesorten des Südens: *pecorino* (Schafskäse) und *caprino* (Ziegenkäse). *Caciocavallo* aus Kuhmilch ist ein frischer, fetter Knetkäse, den du oft dekorativ hängen siehst. Ebenfalls meist aus Kuhmilch ist der Frischkäse Mozzarella, auch *fior di latte* genannt, doch hier im Süden solltest du ihn unbedingt aus Büffelmilch probieren. In Latium und Kampanien, vor allem in der Ebene von Paestum, begegnet man längs der Straße Käsereien *(latterie)*, in denen man frischen Kuh- und Büffelmozzarella bekommt.

INSIDER-TIPP
Fast Food mal anders

SÜSS, SÜSSER, SÜDITALIEN

Die Herzen aller Süditaliener höher schlagen lassen die *dolci* – und die sind im Süden Italiens besonders süß. Torten und Füllungen sind häufig aus Ricotta, einem quarkähnlichen Frischkäse aus Kuh- oder Schafmilch und Molke. Verbacken werden außerdem viel Honig, Mandeln und kandierte Früchte. Zu süßen Dessertweinen reicht man dir gewürztes Gebäck. Und jeder freut sich auf das fruchtige Speiseeis und die erfrischenden *granite*, Sorbets aus Zitronen, Erdbeeren, Espresso oder anderem. Als Nachtisch beliebt sind auch die Früchte, die unter der Mittelmeersonne besonders süß reifen: Feigen, Orangen, Aprikosen, Kaki, Mispeln, Melonen, Trauben und andere mehr.

JEDER REGION IHREN WEIN

In Italien gibt es keine einzige Region, die nicht ihren eigenen Wein produziert. Zu Latium fallen einem die Weißen der Colli Albani wie der Frascati ein, in den Abruzzen gibt es den roten Montepulciano d'Abruzzo und den weißen Trebbiano, im Molise den Biferno und den Pentro. Zu Recht stolz sind die Apulier auf ihre Roséweine, auf den roten Primitivo und den Weißen von Manduria. Der rote Aglianico der Basilikata stammt noch von Reben ab, die die Griechen in Süditalien anpflanzten. Von griechischer Weintradition künden auch die Weine Kalabriens: der kräftige Rotwein Cirò oder der weiße Greco di Bianco. Zu den vielen weißen Weinen Kampaniens zählen Falanghina, Fiano, Coda di Volpe und der schwerere Lacryma Christi von den Hängen des Vesuvs.

An den Schluss einer Mahlzeit gehört ein eiskalter Zitronenlikör, der Limoncello, oder der Kräuterlikör La Strega aus Benevento. Etwas ganz Besonderes ist es, wenn dir ein hausgemachter *liquore al basilico* angeboten wird, ein Likör aus Basilikum, oder ein *nocino*, ein Walnusslikör aus Apulien.

SPÄTE ESSENSZEITEN

Aufgrund des heißen Klimas isst man spät im Süden: Die Restaurants öffnen nicht vor 13 und abends erst ab 20 Uhr. Zur Endrechnung gehört immer das *coperto*, der Preis für Brot und Gedeck (zwischen 1 und 5 Euro), der stets auf der Speisekarte ausgezeichnet ist.

Unsere Empfehlung heute

Antipasti

CAPRESE
Mozzarella- und Tomatenscheiben, gewürzt mit Olivenöl und Basilikum

ALICI MARINATE
Rohe, in Zitrone eingelegte Sardellen

PARMIGIANA DI MELANZANE
Auberginenauflauf, mit Mozzarella und Parmesan überbacken

ZUPPA DI PESCE
Fischsuppe aus verschiedenen Fischsorten, Meeresfrüchten und Tomaten

Primi

ORECCHIETTE CON CIME DI RAPA E ACCIUGHE
Apulische Öhrchennudeln mit Stängelkohl und Sardellenfilets

BUCATINI ALL'AMATRICIANA
Dicke Röhrennudeln mit einer Sauce aus Speck, Tomate und *peperoncino*

SPAGHETTI ALLA CHITARRA
Vierkantige Spaghetti aus den Abruzzen mit Fleischsauce und Pecorino

GNOCCHI ALLA SORRENTINA
Kartoffelteigklößchen in Tomatensauce, mit Scamorzakäse im Ofen überbacken

SCRIPELLE 'MBUSSE
Hauchdünne Pfannkuchen in Hühnerbrühe, mit Pecorino bestreut

Secondi

IMPEPATA DI COZZE
Gekochte Miesmuscheln, mit Pfeffer, Petersilie und Olivenöl gewürzt

COZZE RIPIENE
Miesmuscheln, gefüllt mit einer gewürzten Eier-Brot-Käse-Mischung

INVOLTINI DI PESCE SPADA
Kalabrische Schwertfischrouladen mit Mozzarella und Schinken

FRIARIELLI SALTATI CON SALSICCIA
Mit Knoblauch und *peperoncino* gedünstete Stängelkohlblätter mit Schweinswurst

ABBACCHIO
Lammbraten

ARROSTICINI
Kleine, krosse Spieße mit Schaffleisch aus den Abruzzen

CAPRETTO FARCITO
Mit Innereien und Nudeln gefüllter Zickleinbraten aus Kalabrien

CUTTURIEDD'
Lamm aus der Basilikata, in Stücken mit viel Gemüse und Gewürzen geschmort

SHOPPEN & STÖBERN

URLAUBSERINNERUNGEN FÜR DEN GAUMEN

Verlängere dein Urlaubsfeeling durch mitgebrachte Köstlichkeiten! Viele Teigwaren kommen aus Gragnano, manche Nudelfabrik kannst du besichtigen. Ebenfalls aus Mehl sind die typisch süditalienischen *taralli*, in Schweinefett gebackene Kringel mit Mandeln. Ebenso ein Hit ist eine luftgetrocknete kalabrische Salami oder ein Glas mit getrockneten Sardellen, den *Alici di Menaica*. Falls du über Neapel fliegst: *Bella figura* machst du immer mit Mozzarella als Souvenir. Im Flughafen kannst du nach der Sicherheitskontrolle frischen, luftdicht verpackten Mozzarella (auch laktosefrei) kaufen – aber unbedingt vorbestellen *(short.travel/its26)!* Den köstlichen Zitronenlikör Limoncello nimmst du am besten auch im Duty-free-Shop im Flughafen mit, wenn du nicht mit dem eigenen Auto angereist bist. Auch aus der Vielfalt der Früchte und Gemüse entstehen beliebte Mitbringsel wie z. B. Feigen- und Zitronenmarmeladen. Und im Raum L'Aquila in den Abruzzen bekommst du den besten Safran *(zafferano)* Italiens, das Gewürz für den klassischen Risotto, das aus den Blütenstängeln von Millionen von Krokussen gewonnen wird. Begehrt sind auch in der Sonne getrocknete Tomaten: Sie halten sich lange und eignen sich bestens als Würzzutat. Ein kleines, aber umso geschmacksintensiveres Mitbringsel ist Lakritze – entweder aus Atri in den Abruzzen oder aus Rossano in Kalabrien. Hier verarbeitet die Firma Amarelli Süßholz zu Likör und zu Pastillen, die sie in hübsche Blechdöschen verpackt.

EINMALIGE DÜFTE

Die Essenz aus den Schalen der Bergamotte bildet seit dem 17. Jh. die Grundlage für die besten Parfums

Wenn du auf bunte Keramik stehst: ab nach Vietri sul Mare an der Amalfiküste (li.)!

INSIDER-TIPP
Kalabriens magischer Zitrusduft

weltweit. In Kalabrien ist Bergamotteöl ein Muss beim Shoppingbummel, denn nur hier wachsen diese Zitrusfrüchte, die als grünes Gold bekannt sind. Aus Bergamotte gibt es auch Tee, Cremes und Saft.

LUSTVOLL HANDELN

Süditalien, das sind auch die bunten Märkte: Ob zum Kaufen oder nur zum Schauen, sie machen einfach Spaß. International bekannt ist der riesige tägliche Secondhandmarkt am Corso Resina in Ercolano, eine einmalige Fundgrube für Modefreaks. Der bedeutendste Flohmarkt *(mercatino delle pulci)* des Südens lädt jeden Sonntagmorgen in Reggio di Calabria ein.

LOKALE TRADITIONEN

Feines Papier wird in Amalfi und Tramonti immer noch von Hand geschöpft. Tolle Holzintarsien fertigen Künstler in Sorrent für Kästchen, Tabletts, Bilderrahmen. Typisch für Vietri sul Mare ist handbemalte bunte Keramik. Berühmt für rustikales Geschirr sind die Keramikwerkstätten in und um Grottaglie in Apulien, in Squillace und Seminara in Kalabrien sowie im nördlichen Latium. Und im apulischen Lecce formt man aus *cartapesta*, aus Pappmaché, heilige und profane Figuren.

LA GRANDE BELLEZZA ZU KLEINEM PREIS

Sonderangebote das ganze Jahr bieten Outletcenter wie das *Castel Romano Designer Outlet (mcarthurglen.it)* südlich von Rom, *La Reggia Designer Outlet (mcarthurglen.it)* nördlich von Neapel oder das *Puglia Outlet Village (pugliaoutlet.it)* bei Molfetta in Apulien. Eine legere Sommermode aus bunten, luftigen Naturstoffen bieten Boutiquen an der Amalfiküste an.

SPORT

Wassersport jeder Art ist ein großes Thema im Süden, die großen Strände und Badeorte sind bestens dafür gerüstet. Auch Taucher finden hier äußerst attraktive Küsten. Die zweite große Attraktion für Bewegungshungrige sind die Berge des Südens, im Frühling und im Spätsommer kommen Wanderer voll auf ihre Kosten und im Winter kannst du auf manchen sogar Ski fahren.

WASSERSPORT

An den touristisch erschlossenen Küsten Süditaliens ist so gut wie jede Art von Wassersport möglich. An den Hauptstränden kann man Kite- und Surfbretter, Stand-up-Boards sowie Tretboote, in den Sporthäfen Motor- und Segelboote mieten. Viele Ferienclubanlagen haben außerdem Surf- und Segelkurse im Programm.

Der Gargano ist das Mekka für Liebhaber jeglichen Wassersports, Kitesurfer lieben auch den Salento in Apulien, Porto Cesareo ist einer der Hotspots für (Kite)Surfer. Ein noch nicht so bekannter Tipp für Surfer, ebenfalls in Apulien, ist Santa Maria di Leuca ganz unten am Stiefelabsatz.

An immer mehr Küstenabschnitten und auf Flüssen gibt es Kajaks zum Mieten. An vielen Küsten werden Kajaktouren angeboten – je nach Landschaft bieten sie interessante Einblicke in die Geschichte und die Natur. In den Abruzzen veranstaltet die Kooperative *Il Bosso (ilbosso.com)* einmalige Touren über das Flüsschen Tirino durch zauberhafte Wälder. An Neapels malerischer Posillipoküste führt *Kayak Napoli (kayaknapoli.com)* zu römischen Ruinen und verlassenen Villen in einer spektakulären Küstenlandschaft. Und in Apulien geht es mit *Puglia Kayak (pugliavventura.com)* an der Küste entlang.

Mit dem Kajak aufs Meer: Das ist an vielen Küsten ein Traum, hier am Salento in Apulien

TAUCHEN

Eine ganze Reihe von Küstenabschnitten kann mit besonders schönen Unterwasserwelten begeistern, mit reicher Meeresflora und -fauna sowie aufregenden Meeresgrotten. Von Tauchern besonders geschätzt sind die Isole Tremiti zwischen Molise und Apulien, die Buchten am Gargano, die Spitze des Stiefelabsatzes um Santa Maria di Leuca mit ihren Grotten und in Kalabrien manche Felswand an der Halbinsel Isola di Capo Rizzuto.

In der Basilikata ist der Golf von Policastro bei Maratea ein Topziel, in Kampanien lohnen vor allem die Ausläufer der Sorrentinischen Halbinsel (die unterirdischen Grotten der Tropfsteinhöhle Grotta dello Zaffiro und der Parco Marino der Punta Campanella) und die von Grotten durchsetzte Küste bei Palinuro sowie die Inseln Capri, Procida und Ischia. Auf die Suche nach antiken Spuren gehen kannst du vor Neapel an der Posillipoküste *(gaiola.org)*. Ein ganz besonderes Unterwassererlebnis bietet das Tauchen in Baia bei Neapel: Da tauchst du zwischen den Resten der einst prachtvollen Sommervillen aus der Antike, z. B. mit *Centro Sub Campi Flegrei (centrosubcampiflegrei.it)*.

Im Latium schließlich sind die Inseln Ponza und Ventotene und die Felsspitzen der Circeoküste die attraktivsten Spots. Die Ferienorte und die großen Ferienanlagen warten fast alle mit gut ausgerüsteten Tauchzentren auf.

WANDERN

Die süditalienische Bergwelt wartet mit ein paar außergewöhnlich schönen Landschaften auf. Mittelgebirge mit Wiesen, Wäldern und weiten Flusstälern wechseln sich ab mit rauen, spröden Massiven. Ein erheblicher Teil steht unter Naturschutz bzw. ist zu Nationalparks erklärt worden. Besu-

cherzentren halten Kartenmaterial und Adressen von Tourenführern bereit.
In den Abruzzen sind die Nationalparks Gran Sasso, Parco d'Abruzzo, Lazio e Molise und die Maiellagruppe für Wanderer und Kletterer gut erschlossen. Markierte Wanderwege und Picknickareale durchziehen den schönen Mischwald Foresta Umbra auf dem Gargano in Apulien.
Die Basilikata teilt sich mit Kalabrien das eindrucksvolle Pollinomassiv. Kalabrien hat außerdem die waldreichen Berge der Sila und den spröden, wilden Aspromonte zu bieten. Gerade hier empfiehlt es sich unbedingt, sich einem örtlichen Wanderführer oder Tourenveranstalter anzuvertrauen. Eine erfahrene Organisation ist *Naturaliter (Tel. 3289094209 | naturaliter web.it)* mit Sitz im *Agriturismo Il Bergamotto* 9 km vom Meer in *Amendolea di Condofuri* 45 km südöstlich von Reggio di Calabria. Sie bietet Wandertouren im Aspromonte mit Unterkünften und allem Drum und Dran.

INSIDER-TIPP
Die unberührte Natur des Südens erleben

Bei Camigliatello Silano führt ein Wanderweg zu den einmaligen Giganti di Fallistro, bis zu 400 Jahre alten Baumriesen der Korsischen Kiefer. Förster bieten hier Führungen an *(short.travel/its5)*, fast alle Bäume sind beschriftet mit den Maßen ihrer Höhe und ihres Umfangs. In Kampanien wanderst du in den Bergen und Hochebenen des Nationalparks Cilento *(ci lento-aktiv.info)*, der bis an die Meeresküste heranreicht, oder über die Maultierpfade der Amalfiküste.

RADFAHREN

Im internationalen Radsport fahren die Italiener schon lange vorne mit. Seit Kurzem tut sich auch in Süditalien einiges im Radsport. Neuerdings begegnet man sogar in Rom immer häufiger Mutigen auf dem Zweirad *(short.travel/its4)*.
Für Radtouren bestens geeignet ist das flache Apulien *(apuliabiketours.com)*, aber auch Kalabrien und die Basilikata *(bikebasilicata.it)* sind interessant, vor allem für Mountainbiker. In den Nationalparks gibt es zahlreiche ausgeschilderte Routen, frag in den Besucherzentren und Fremdenverkehrsämtern nach.
Immer mehr Reiseveranstalter bieten Radreisen an und auch manche *agriturismi* vermieten Fahrräder und E-Bikes. Auf Inseln wie Ischia und Procida lohnt es sich besonders, ein E-Bike zu mieten: An einem Tag kannst du damit die ganze Insel umrunden und erkunden.

REITEN

Durch die weiten Wälder oder am Strand entlang lassen sich wunderschöne Ausritte unternehmen; du solltest dich jedoch unbedingt für geführte Ausritte entscheiden. In den letzten Jahren hat das Interesse an diesem Sport gerade im Hinblick auf die Touristen sehr zugenommen. Die Fremdenverkehrsämter helfen mit Adressen von Reitställen *(maneggio)* weiter, ebenso die nach Regionen gegliederte Website *turismoacavallo.com*. Auch manche *agriturismo*-Höfe halten Reitpferde oder können zu Nachbarhöfen vermitteln. Achte darauf, dass die Tiere

Süditaliens Berge rufen: Wunderbar wandern lässt es sich z. B. im Abruzzen-Nationalpark

anständig behandelt werden und in gutem Zustand sind!

ANGELN

Ins Meer darf jeder seine Angel hängen (verboten ist es nur in den geschützten Meeresreservaten, den *riserve marine*), für Flüsse und Seen besorgst du dir im örtlichen Rathaus die gebührenpflichtige Genehmigung *(permesso)*.

WINTERSPORT

Wer den Süden als Sommerreiseziel kennt, mag es kaum glauben, doch im mediterranen Süden wird im Winter Ski gelaufen und Langlauf betrieben – das bekannteste Skigebiet liegt im Parco Nazionale d'Abruzzo, Lazio e Molise. Am berühmtesten und teuersten ist Roccaraso, hierher kommen – auch aus Prestigegründen – vor allem die Römer und Neapolitaner in der Zeit zwischen Weihnachten und Neujahr. Es gibt zahlreiche Hotels, Skiverleihe, Seilbahnen und Lifte. Aber Skifahren ist sogar noch weiter südlich möglich, etwa in der Sila Grande in Kalabrien mit dem Wintersportort Camigliatello.

YOGA

In vielen Ferienzentren wird Yoga angeboten. Aus Neapel kommt eine ganz besondere Variante: Valeria Barbaro hat *Yoga Fly on Air (yogaflyonair.com)* begründet: Wie eine Fledermaus sieht es aus, wenn du in den Tüchern hängst und die Asanas schwerelos in der Luft praktizierst.

DIE REGIONEN IM ÜBERBLICK

BOSNA I HERCEGOVINA
HRVATSKA (CROATIA)
CRNA GORA (MONTENEGRO)
Jadransko More
Mar Adriatico
Skadarsko jezero
Pescara
DIE SÜDLICHE ADRIA S. 58
Spektakuläre Berge und traumhaft schöne Strände zum Genießen
Voltumo
Napoli
Bari
Taranto
Brindisi
NEAPEL & KAMPANIEN S. 80
DER SÜDEN S. 102
Golfo di Taranto
Cosenza
Malerische Städte, Traumstrände wie in der Karibik und unangetastete Natur: das ursprüngliche Italien
Sicilia (ITALIA)
Reggio di Calabria
Mar Ionio
100 km
62.14 mi

ROM & LATIUM

HAUPT DER WELT, KÖNIGIN DER STÄDTE

Führen wirklich alle Wege nach Rom? Rom steht jedenfalls als Hauptstadt im Zentrum Italiens. Rom hat die meisten Obelisken und das größte Amphitheater der Welt, Rom ist die am meisten fotografierte Stadt Italiens. Aufmerksamkeit verdient jedoch auch das Umland, die Region Latium (ital. Lazio) – hier lohnen zahlreiche herrliche Ausflugsziele.

Die *Campagna Romana*, das hügelige römische Umland, zieht sich von Rom bis zum Apennin und zum Tyrrhenischen Meer. Im Norden

Von hier wird Rom regiert: die Piazza del Campidoglio

der Region liegen die Totenstädte der legendären Etrusker und wunderschöne Badeseen. Im Süden locken nur wenige Kilometer entfernt von der Metropole die heiteren Winzerdörfer der Castelli Romani. Und überall trifft man auf eindrucksvolle mittelalterliche Klosteranlagen. In der weiten Ebene im Süden, dem Agro Pontino, trockengelegten Sümpfen, wächst das Gemüse für eine schmackhafte und bodenständige traditionelle Küche. Am Meer ist es am schönsten in den Dünen des Circeo und im Golf von Gaeta.

ROM & LATIUM

MARCO POLO HIGHLIGHTS

★ **FORUM ROMANUM**
In diesem großen Ruinenpark mitten in Rom entschied sich einst das Geschick des römischen Weltreichs ➤ S. 43

★ **TIVOLI**
Großartige Villen und Parks ➤ S. 53

★ **TARQUINIA**
Im nordwestlichen Latium konzentrieren sich die festlich ausgemalten Totenstädte der Etrusker und Museen mit ihrer kostbaren Kunst ➤ S. 50

★ **SIXTINISCHE KAPELLE**
Die Fresken von Michelangelo im Vatikan haben's in sich – nicht umsonst ist dies die meistbesuchte Kapelle Italiens ➤ S. 45

★ **KOLOSSEUM**
Hier fieberten die Römer für ihre Gladiatoren: Das berühmteste römische Bauwerk und das größte Amphitheater ➤ S. 42

★ **VITERBO**
Paläste, Kirchen, Plätze, Gassen: schönste Stadt des Mittelalters und ganz intakt ➤ S. 50

Spoleto
Teramo
UMBRIA
Terni
Narni
Rieti
L'Aquila
Civita Castellana
ABRUZZO
250 km, 3 Std.
Fiano Romano
Celano
Monterotondo
Avezzano
Sixtinische Kapelle
10 Tivoli
11 Subiaco
Città del Vaticano
Rom (Roma)
S. 42
LAZIO
13 Palestrina
12 Castelli Romani
Fiuggi
Kolosseum (Colosseo)
Valmontone
Alatri
Forum Romanum (Foro Romano)
14 Ciociaria
Sora
Frosinone
Pomezia
Aprilia
Cisterna di Latina
Ceccano
Abtei Montecassino
15
Priverno
16 Anzio
Latina
Pontecorvo
Circeo 17
Pontinia
Fondi
Sabaudia
18 Terracina
Minturno
San Felice Circeo
19 Sperlonga
Gaeta
110 km, 2 Std.
Golfo di Gaeta
100 km, 1 ¾ Std.
20 Pontinische Inseln (Isole Pontine)
20 km
12.43 mi
Cala Nave (Isole Pontine)

ROM (ROMA)

(🕮 E2) **Was haben diese Stadt (2,8 Mio. Ew.) und ihre Menschen nicht schon alles in ihrer 2500 Jahre währenden Geschichte erlebt: den Aufstieg vom Hirtendorf zum Haupt der Welt („caput mundi") an der Spitze des römischen Imperiums, seit 1600 Jahren Zentrum der Christenheit, seit 1871 Hauptstadt des italienischen Nationalstaats.** Und mittendrin der kleinste Staat der Welt, der von der Schweizergarde bewachte, geheimnisumwitterte Vatikan, regiert vom Oberhaupt der katholischen Kirche, dem Papst. Der unerschütterlichen Langmut der Römer, auch *menefreghismo* („was schert's mich") genannt, ist es zu verdanken, dass die Stadt nicht zum Museum erstarrt. Mit dieser Langmut erdulden sie auch die Touristen, allen voran Millionen von Pilgern, und den oft mörderischen Verkehr. Der MARCO POLO Reiseführer „Rom" berichtet ausführlich.

WOHIN ZUERST?

Ein guter Startpunkt ist die **Piazza di Spagna.** In jeweils zehn bis 15 Minuten erreichst du von hier aus zentrale Höhepunkte wie das Pantheon, die Fontana di Trevi oder die Piazza Navona. Vom Hauptbahnhof führt die Metrolinie A hin (Haltestelle Spagna). Große Teile der Innenstadt sind *Zona a Traffico Limitato,* also für den Privatverkehr gesperrt. Für Besucher mit Auto empfiehlt sich daher ein Parkhaus in der Nähe des Hauptbahnhofs, z.B. *Garage Parking Esquilino (Via Giovanni Giolitti 271).*

SIGHTSEEING

Kulturfreunde fragen nach der *Archeologia Card (rome.net/archaeologia-card),* die sieben Tage lang freien Eintritt in viele Museen und Sehenswürdigkeiten gewährt und sich ab drei Ausgrabungsstätten lohnt. Freie Fahrt mit allen öffentlichen Verkehrsmitteln und freien bzw. reduzierten Eintritt in einige der wichtigsten Museen gibt es mit dem *Roma Pass (romapass.it)* für zwei oder drei Tage. Eintrittskarten in die römischen Museen und ins Kolosseum gibt es mit Aufpreis online, damit spart man sich lange Warteschlangen *(rome-museum.com).* Eine weitere Option ist die *Omnia Card (archeoroma.org/omnia-card),* mit der du die Vatikanischen Museen, das Kolosseum und andere archäologische Stätten besichtigen kannst.

KOLOSSEUM (COLOSSEO) ★

Wahrzeichen Roms: In dieser riesigen, ellipsenförmigen Arena von 80 n. Chr. konnten sich 70 000 Römer bei Gladiatoren- und Tierkämpfen vergnügen. Jeden ersten Sonntag im Monat ist der Eintritt frei, die Warteschlange jedoch leider entsprechend lang, die Durchschnittswartezeit beträgt 45 Minuten. *Piazza del Colosseo | tgl. 8.30–16.30, im Sommer bis 19.15 Uhr, dann zudem nächtliche Führungen bis 22.30 Uhr | parcocolosseo.it | ⏲ 2½ Std.*

Hotspot der alten Römer: Vor zwei Jahrtausenden traf hier, am Forum Romanum, jeder jeden

FORUM ROMANUM (FORO ROMANO) ★

Das ehemalige Herz von Rom liegt in einer Senke zwischen den drei bedeutendsten Stadthügeln Kapitol, Palatin und Esquilin. Das Forum war während der römischen Kaiserzeit der Mittelpunkt des römischen Lebens und entsprach der griechischen Agora: Hier traf man sich, hielt Gericht und traf Absprachen in den Versammlungsräumen für städtische Organe und Vereine. Auch die wichtigsten Tempel standen hier. Heute ist das Forum eine der bedeutendsten Ausgrabungsstätten der Stadt. Von April bis Oktober werden nächtliche Führungen mit Musik und Computeranimationen angeboten, die das Leben in der Antike veranschaulichen *(viaggioneifori.it). Via dei Fori Imperiali | tgl. 8.30–16.30, im Sommer bis 19.15 Uhr | parcocolosseo.i | ⏲ 1 Std.*

KAPITOL (CAMPIDOGLIO)

Das Kapitol war der heiligste der sieben Hügel Roms mit den Tempeln von Jupiter, Minerva und Juno. Michelangelo gab ihm seine heutige Gestalt und baute eine bequem hinaufführende Treppe. Den eleganten Platz umrahmen Palazzi, er ist Sitz des Stadtrats und der *Kapitolinischen Museen (Piazza del Campidoglio | tgl. 9.30–19.30 Uhr | museicapitolini.org | ⏲ 1½ Std.).* In denen stehen das smoggefährdete Reiterstandbild Mark Aurels (auf dem Platz heute eine Kopie) und die legendäre Bronzewölfin aus dem 5. Jh. v. Chr.

PANTHEON

Dieser Göttertempel (27 v. Chr.), den Kaiser Hadrian 120 n. Chr. erneuern ließ, gilt als besterhaltener antiker Bau. Im Mittelalter zur Kirche umfunktioniert, liegen hier italienische Könige und der Maler Raffael begraben. Abends ist der Vorplatz ein beliebter Treffpunkt der Römer. Um 19 Uhr bietet Angeltours *(short.travel/its25)* eine kostenfreie Tour an, Treffpunkt am Brunnen vor dem Pantheon, Erkennungszeichen brauner Regenschirm. *Piazza della Rotonda | Mo–Sa 8.30–19.30, So 9–18 Uhr | 30 Min.*

GALLERIA BORGHESE

Die Villa im beliebten Stadtpark der Römer beherbergt die schönsten Statuen von Barockmeister Gian Lorenzo Bernini und die überreiche Gemäldesammlung des Kardinals Scipione Borghese (300 Bilder, darunter Werke von Tizian, Rubens, Raffael, Caravaggio). *Piazzale Scipione Borghese 5 | Di–So 9–19, Do bis 21 Uhr, Einlass alle 2 Std. | galleriaborghese.it | 2–3 Std.*

BIOPARCO

Auf Safari mitten in Rom? Im Mittelpunkt stehen in Roms zoologischem Garten sicher die Wölfe, stellen sie doch das Wappentier Roms dar. Daneben sind aber noch gut 200 weitere Tierarten zu entdecken – im Sommer auch auf Nachtsafaris. *Piazzale del Giardino Zoologico 1 | tgl. 9.30–17, April–Sept. bis 18 und Sa/So bis 19 Uhr | bioparco.it | 3 Std.*

ENGELSBURG (CASTEL SANT'ANGELO)

Einst Mausoleum des Kaisers Hadrian, dann trutzige Festung der Päpste. Im Inneren Salons, Ketzergrüfte und ein Dachcafé. Seit dem 10. Jh. diente die Burg als Zufluchtsort bei Gefahr – ein 800 m langer unterirdischer Fluchtgang verbindet die Engelsburg mit dem Vatikan. *Lungotevere Castello 50 | tgl. 9–19.30 Uhr | 2 Std.*

PETERSDOM (SAN PIETRO)

Ins bedeutendste Heiligtum der abendländischen Christenheit, an der Stelle errichtet, an der Petrus begraben liegt,

Erst schwitzen, dann schauen: 320 Stufen führen auf die Aussichtsplattform des Petersdoms

gelangst du über den formvollendeten Platz, den Roms Meister des Barocks Gian Lorenzo Bernini 1667 schuf. Elegant und großräumig umkränzen ihn von 140 Heiligen gekrönte Säulengänge. Am gigantischen Dom, dem größten Gotteshaus der Welt mit einem Fassungsvermögen von 60 000 Menschen, haben Bramante, Carlo Maderno und Michelangelo gearbeitet, von der Kuppel blickst du auf ganz Rom. Im bombastischen Innern befindet sich unter den vielen Kunstwerken die Pietà des Michelangelo hinter Panzerglas. *Piazza San Pietro | tgl. 7–18.30, im Sommer bis 19 Uhr | 1 Std.*

VATIKANISCHE MUSEEN (MUSEI VATICANI)

Mit 14 Museen beherbergt der Vatikan den größten Museenkomplex der Welt. Besonders sehenswert sind die von Raffael ausgemalten Arkaden der sogenannten *Stanzen,* die größte Sammlung antiker Originalskulpturen der Welt im *Museo Pio Clementino* und die *Pinakothek* mit Werken von Giotto, da Vinci, Caravaggio u.a. In der ★ *Sixtinischen Kapelle* erstrahlt restauriert die „Schöpfungsgeschichte" (1508–1512) mit über 300 Figuren des Michelangelo in bunter Farbenpracht von den Decken. 1534 hatte sich Michelangelo endgültig in Rom niedergelassen. Unter Papst Paul III. malte er in sieben Jahren das „Jüngste Gericht", das seine herausragenden Fähigkeiten auf ihrem Höhepunkt zeigt. Heute sind alle Figuren nach einer umfassenden Restaurierung wieder nackt zu sehen. Im 17. Jh. hatte Paul IV. den unbedeutenden Maler Daniello Ricciarelli beauftragt, alle Blößen zu bedecken, weshalb Ricciarelli als *braghettone* (Hosenmaler) in die Geschichte einging. *Haupteingang Viale del Vaticano | Mo–Sa 9–18 Uhr, letzter So im Monat (wenn kein Feiertag) 9–14 Uhr, dann freier Einlass | Tickets online unter short.travel/its20 | mind. 3 Std.*

TRASTEVERE

Verwinkeltes Viertel in der Tiberschleife mit unzähligen Boutiquen, kleinen Geschäften, Pubs und Bars, einst von Arbeitern und Handwerkern bewohnt, heute von Künstlern, Schickeria und betuchten Ausländern bevölkert. Die Hauptkirche des Viertels, *Santa Maria in Trastevere,* ist eine der ältesten Marienkirchen Roms (3. Jh.), ihre *Piazza* und die Gassen des Viertels sind seit Generationen ein angesagter Treffpunkt.

CENTRALE MONTEMARTINI

Zahlreiche antike Skulpturen aus dem Bestand der Kapitolinischen Museen

INSIDER-TIPP
Kunst, kontrastreich gezeigt

bilden einen reizvollen Kontrast zur Kulisse dieses alten Elektrizitätswerks, das ab 1900 die Stadt mit Strom versorgte. *Via Ostiense 106 | Di–So 9–19 Uhr | centralemontemartini.org | 1½ Std.*

VIA APPIA ANTICA & KATAKOMBEN

Wie die wichtigste Straße des römischen Weltreichs gen Süden einmal ausgesehen haben mag, kann man im *Archäologischen Park* am südöstlichen Rand Roms erkennen, zu dem die unterirdischen Totenstädte, die Kalixtus-, Sebastian- und die weitläufigen Domitilla-Katakomben, gehören. *Domitilla und San Callisto 9–12 und 14–17, San Sebastiano 10–17 Uhr, Domitilla Di, San Callisto Mi, San Sebastiano So geschl. | parcoappiaantica.it*

PLÄTZE

Die schönsten: *Campo de' Fiori,* im Mittelalter Rinderweide, auch Hinrichtungsplatz, heute der schönste römische Obst-, Gemüse- und Blumenmarkt; die lang gestreckte *Piazza Navona* mit dem prächtigen Barockbrunnen der „Vier Ströme" vom Barockmeister Gian Lorenzo Bernini und mit ihren blumengeschmückten Terrassen, Kleinkünstlern und Straßencafés; die weiträumige *Piazza del Popolo,* die Michelangelo und Bernini mitgestalteten, die dann im 19. Jh. klassizistisch aufgemöbelt wurde und über der sich die Gärten des Monte Pincio ausdehnen; schließlich die *Scalinata Trinità dei Monti,* die ausladende Spanische Treppe an der *Piazza di Spagna:* liebster Treffpunkt sowohl der Touristen als auch der Einheimischen und internationaler Jugendtreff – wenn das der Papst gewusst hätte, der die Treppe 1723 als würdevollen Aufgang zur Kirche Trinità dei Monti in Auftrag gab.

MUSEO NAZIONALE ROMANO

Die reiche Kunst der Antike verteilt sich auf verschiedene Ausstellungsorte: *Palazzo Massimo (Largo di Villa Peretti 1), Palazzo Altemps (Piazza Sant'Apollinare 44), Crypta Balbi (Via delle Botteghe Oscure 31), Terme di Diocleziano (Viale De Nicola 79), Aula Ottagonale (Via Romita 8),* außerdem die Ausgrabungen der grandiosen Kaiservilla *Domus Aurea (Via della Domus Aurea 1 | nur mit Voranmeldung 9.15 und 16.15 Uhr)* in der Nähe des Kolosseums. Alle Tickets müssen mindestens einen Tag im Voraus gekauft werden *(coopculture.it),* der Onlinezuschlag von 2 Euro lohnt sich unbedingt. *Alle übrigen Di–So 9–19.30 Uhr | museonazionaleromano.beniculturali.it*

KIRCHEN

Zu den über 200 Kirchen Roms gehören die vier Patriarchatsbasiliken aus den Anfängen des Christentums: *San Giovanni in Laterano,* die älteste Papstkathedrale von 314. Für die Apostel Petrus und Paulus baute man den *Petersdom* (s. separater Eintrag) und *San Paolo fuori le Mura* (4. Jh., im 19. Jh. nach einem Brand neu aufgebaut) mit schönem Kreuzgang. Schließlich die eindrucksvolle Marienkirche *Santa Maria Maggiore,* ebenfalls frühchristlichen Ursprungs, um 430 geweiht.

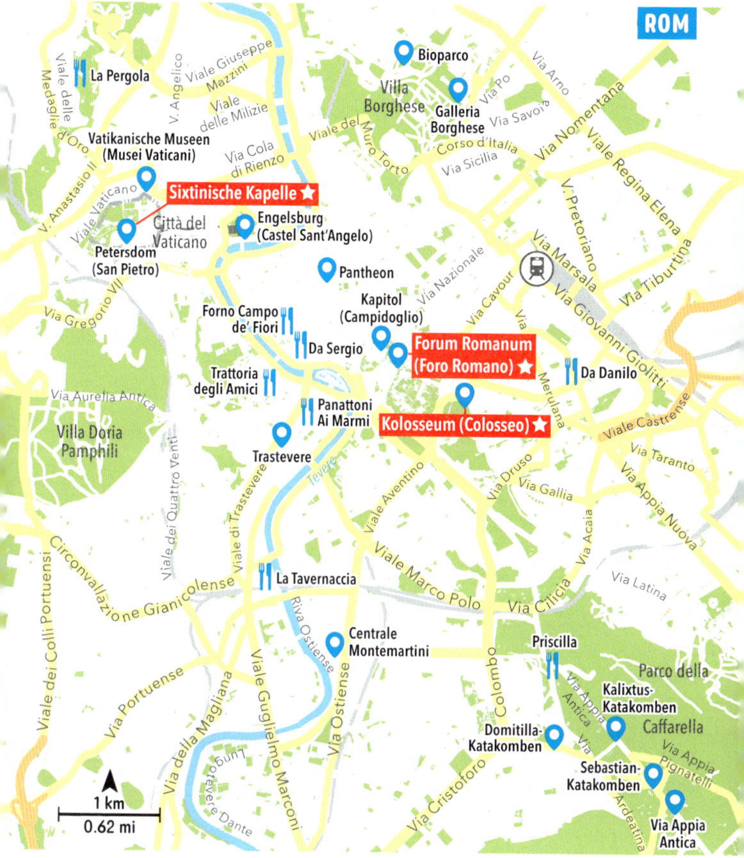

ESSEN & TRINKEN

DA DANILO

Moderne und gemütliche Trattoria mit typisch römischer Küche, die immer wieder mit Gourmetpreisen ausgezeichnet wird. Zu empfehlen: die klassische Pasta Carbonara – im Herbst allerdings aufgepeppt mit weißen Trüffeln. *Via Petrarca 13 | Tel. 06 77 20 01 11 | Mo-Mittag und So geschl. | trattoriadadanilo.com | €€*

DA SERGIO

Unweit des Campo de' Fiori eine handfeste, auch bei Römern beliebte Trattoria, im Sommer auch draußen. Römischer gehts kaum! *Vicolo delle Grotte 27 | Tel. 06 68 64 29 3 | So geschl. | €–€€*

FORNO CAMPO DE' FIORI

An der gleichnamigen Piazza gibt es seit über 200 Jahren köstliche Pizza – direkt vom Blech für wenige Euro heiß auf die Hand. *Campo de' Fiori 22 | Mo–*

Mondäne Modemeile: Via Condotti

Sa 7.30–14.30 und 16.45–20 Uhr | fornocampodefiori.com | €

TRATTORIA DEGLI AMICI

Ein gelungenes Sozialprojekt in Trastevere serviert *cucina romana* im Wechsel der Jahreszeiten. *Piazza di Sant'Egidio 6 | Tel. 06 58 06 03 3 | tgl. | trattoriadegliamici.org* | €–€€

PANATTONI AI MARMI

Hier stehen auch Römer Schlange für eine gute Pizza! Typisch römisches Ambiente; manchmal lange Wartezeiten. *Viale Trastevere 53 | Tel. 06 58 00 9 19 | Mi und mittags geschl.* | €

LA TAVERNACCIA

Historische Osteria in Trastevere, in der sich die Römer seit Generationen die typischen *bucatini all'amatriciana* schmecken lassen. Am Sonntagmittag gibts Lasagne und täglich Spanferkel aus dem Holzofen. Gekocht wird gern mit Bioprodukten. *Via Giovanni da Castel Bolognese 63 | Tel. 06 58 12 79 2 | Mi geschl. | latavernacciaroma.com* | €–€€

INSIDER-TIPP
Essen wie bei den alten Römern

PRISCILLA

Eine der urigsten Trattorien der Stadt, gegenüber der Kirche Domine Quo Vadis. Tipp: *pappardelle al cinghiale,* Bandnudeln mit Wildschwein. *Via Appia Antica 68 | Tel. 06 51 36 37 9 | So-Abend geschl. | trattoriapriscilla.it* | €

LA PERGOLA

Traumhafte Topadresse für Gourmets im Dachgeschoss des Hotels Cavalieri Hilton unter der Ägide des deutschen Kochs Heinz Beck. *Via Alberto Cadlolo 101 | Tel. 06 35 09 21 52 | So/Mo und mittags geschl. | romecavalieri.com/de/la-pergola-de* | €€€

CAFÉS

Bei Römern sehr beliebt ist das *Caffè Sant'Eustachio (Piazza Sant'Eustachio 82)* wegen seines guten Kaffees, besonders bequem sitzt du im eleganten *Ciampini 2 (Via Fontanella Borghese 59).* Bohemeflair umgibt einen im Café im ehemaligen Atelier des berühmten Bildhauers Antonio Canova, dem *Atelier Canova Tadolini (Via del Babuino*

INSIDER-TIPP
Kunstvoller Kaffee

150a). Als ob der Meister mal eben die Räume verlassen hätte, sitzt du hier inmitten seiner Skulpturen und Entwürfe. Beste Verwöhnadresse zum Brunch, zum Tee, zum Aperitif ist die *Bar Stravinskij (Via del Babuino 9)* im Luxushotel de Russie.

SHOPPEN

Die feinste Mode gibts auf der *Via Condotti* und den Nebenstraßen an der *Piazza di Spagna,* Mode für junge Leute auf der *Via del Babuino* und der *Via del Corso.* An der *Porta Portese* in Trastevere ist sonntags Flohmarkt ab 7 Uhr früh.

SPORT & SPASS

Steuer die Sehenswürdigkeiten doch mal mit dem Fahrrad oder einem Scooter an an oder buch eine Führung auf dem Rad. Oder du genießt die Stadt vom Fluss aus auf der *pista ciclabile* am linken Tiberufer. Das römische Radwegenetz sowie weitere Infos findest du unter *short.travel/its2.* Die Guides von *Romaculta (Tel. 33 87 60 74 70 | romaculta.it)* wissen, wie sie das Nachwuchspublikum auf ihren Stadtführungen für Kids und Jugendliche begeistern können; am beliebtesten ist die Asterixtour durchs Zentrum.

AUSGEHEN & FEIERN

Zum Aperitif trifft man sich auf dem *Campo de' Fiori,* abends auch in den Cafés beim *Pantheon* und an der *Piazza Navona.* Alternative Musikclubs gibts am *Monte Testaccio,* Studentenkneipen und Pubs im Viertel *San Lorenzo.* Ein Musikabend (Klassik und Pop) lohnt sich im von Renzo Piano erbauten *Auditorium (Viale Pietro de Coubertin 30 | Tel. 06 80 24 12 81 | auditorium.com). Estate Romana (estateromana.comune.roma.it)* heißt das sommerliche (Freiluft-)Kulturprogramm. Veranstaltungshinweise online auf *oggiroma.it.*

RUND UM ROM

1 LAGO DI BRACCIANO

45 km nordwestlich von Rom/1 Std. über die SP 493

Der See vulkanischen Ursprungs ist mit seinen malerischen Orten sonn-

Wo der Meister einst seine Werke meißelte, trinkst du heute Kaffee: Atelier Canova

tags ein beliebtes Ausflugsziel der Hauptstädter. Besonders sehenswert sind neben dem mittelalterlichen *Bracciano* (19 000 Ew.) mit seiner Burg *Orsini Odescalchi* und den schönen Sandstränden von *Vigna di Valle* die beiden Städtchen *Trevignano Romano* und *Anguillara Sabazia*. Von Ostern bis Ende September bietet sich eine etwa 90-minütige Fahrt über den See an: Ein Motorboot verbindet Bracciano mit Anguillara und Trevignano. *E2*

2 TOLFA

75 km nordwestlich von Rom/1½ Std. über Bracciano

Der 5000-Ew.-Ort Tolfa dominiert mit seiner Burgruine *Frangipane* die märchenhaft anmutende Gegend der Tolfaberge. Hervorragende Landküche tischt die *Trattoria L'Edera (Piazza G. Marconi 20 | Tel. 0766935 62 | Mo geschl. | €€)* auf. Typisch für die Gegend ist die Gemüsesuppe *acquacotta*. *E2*

3 TARQUINIA ★

95 km nordwestlich von Rom/1½ Std. über die A 12 und SS 1

Zwischen Tiber, Arno und Tyrrhenischem Meer erstreckte sich einst das Kernland der legendären Etrusker, die riesige, kostbar ausgestattete Totenstädte (Nekropolen) hinterließen. Die vielleicht bedeutendste Etruskerstadt war Tarxna, das heutige Tarquinia. Hier warten im *Museo Etrusco (Di–So 8.30–19.30 Uhr)* im schönen Gotik- und Renaissancebau des *Palazzo Vitelleschi* all die Objekte, die einst die Gräber zierten. Zahlreiche weibliche Abbilder der Verstorbenen auf den Sarkophagen deuten auf die gleichberechtigte Stellung der Frau im Alltag hin. Die freskierten Grabkammern der Totenstadt gehören zum Unesco-Welterbe. Eine weitere Etruskerstadt 30 km weiter nordwestlich ist *Vulci* mit dem *Museo Etrusco (Di–So 8.30–19.30 Uhr)* in einer mittelalterlichen Abtei. *3 Std.* | *E1*

4 LAGO DI VICO

65 km nordwestlich von Rom/1¼ Std. über die SR 2

Dieser von Vulkanhügeln umkränzte, unter Naturschutz stehende See ist der vielleicht schönste im Latium. Im nahen *Caprarola* steht die eindrucksvolle manieristische Palastanlage *Palazzo Farnese (Di–So 8.30–19.30 Uhr)*. Ausflüge lohnen auch das etruskische *Sutri* mit Amphitheater und Kapelle in Tuffstein und das mittelalterliche *Civita Castellana* mit schönem Dom und der romantischen Ruinenlandschaft der alten Stadt *Falerii Novi* (241 v. Chr.). *E1*

5 VITERBO ★

80 km nordwestlich von Rom/1½ Std. über die SR 2 und SP 1

Viterbo (67 000 Ew.) mit einem intakten mittelalterlichen Zentrum ist eine besonders schöne Stadt etruskischen Ursprungs in Latium. Herz der Altstadt ist die *Piazza del Plebiscito*, das Zentrum der weltlichen Gewalten mit dem *Palazzo dei Priori* aus dem 15. Jh. mit schönem Innenhof, Brunnen und Fresken und dem *Palazzo del Podestà* aus dem 13. Jh. Noch eindrucksvoller ist die *Piazza San Lorenzo*, das geistliche Zentrum Viterbos, mit der *Kathedrale San Lorenzo* aus dem 12. Jh. mit Renaissancefassade und dem *Palazzo*

Nur scheinbar unscheinbar: die Totenstadt der Etrusker in Tarquinia

Papale aus dem 13. Jh. mit herrlicher Loggia. Das *Museo Civico (Di–So 9–18 Uhr)* in einem ehemaligen Kloster zeigt Schätze aus den etruskischen Totenstädten um Viterbo.

Einheimische schätzen im *Porta Romana (Via della Bontà 12 | Tel. 07 61 30 71 18 | So-Abend geschl. | €)* die genuine Küche zu fairen Preisen. Viterbo ist auch berühmt für seine Thermen, die in der Vergangenheit auch mehrere Päpste zu schätzen wussten. Lust auf ein Thermalbad? Die *Terme dei Papi (Strada Bagni 12 | Tel. 07 61 35 01 | termedeipapi.it)* bieten großen Komfort. *E1*

6 SACRO BOSCO

90 km nördlich von Rom/1¼ Std. über die A 1

Nicht nur mit Kindern lohnt sich der Besuch im faszinierenden barocken *Sacro Bosco (tgl. 8.30–17, Okt. bis 18, April–Sept. bis 19 Uhr | sacrobosco.it)* bei Bomarzo, einem mit grotesken Monumentalskulpturen gestalteten manieristischen Park aus dem 16. Jh. Nach dem Tod seines Gründers Vicino Orsini geriet der Park jahrhundertelang in Vergessenheit. Salvador Dalí ließ sich hier Ende der 1930er-Jahre zu Bildern inspirieren, kurz nachdem man das Gelände wiederentdeckt hatte. *2 Std.* | *E1*

INSIDER-TIPP
Eine wortwörtlich fabelhafte Location

7 LAGO DI BOLSENA

115 km nördlich von Rom/2 Std. über Viterbo

Von hübschen mittelalterlichen Städtchen, Weinbergen und Olivenhainen umgeben, ist der größte Kratersee Italiens vor allem unter deutschen

Campingfreunden beliebt. Der Hauptort am See, *Bolsena* (4000 Ew.), war 1263 Schauplatz des sogenannten Eucharistischen Wunders, das Anlass gab zur Einführung des Fronleichnamsfests (alljährlich wird es mit prächtiger ⚑ Blumenprozession gefeiert) und zum Bau einer der schönsten Kirchen Italiens, des Doms im nahen Orvieto in Umbrien.

Eine spektakuläre Erosionslandschaft tut sich im Nordosten des Sees bei *Civita di Bagnoregio* auf, einem auf einem Tufffelsen vom Abstürzen bedrohten Dorf mit engen Gassen, mittelalterlicher Atmosphäre und atemraubenden Ausblicken. Im malerisch gelegenen *Bagnoregio* kannst du im Restaurant *Romantica Pucci (Mo geschl. | Piazza Cavour 1 | Tel. 07 61 79 21 21 | hotelromanticapucci.it | €)* eine ausgezeichnete Trüffel-*carbonara* essen. E1

INSIDER-TIPP
Wie eine Traumkulisse

8 ACQUAPENDENTE

135 km nördlich von Rom/2½ Std. über Viterbo

Die schön am Hang gelegene kleine Gemeinde (5400 Ew.) hat eine jahrtausendealte Geschichte vorzuweisen: Sie wird durchkreuzt von der antiken Via Cassia, der Straße, die Rom einst mit der Toskana verband. Bekannt ist der Ort aufgrund der *pugnaloni:* großformatige Blütenbilder, die seit 1166 jedes Jahr neu fürs Fest der *Madonna del Fiore* am dritten Maisonntag angefertigt werden. Danach sind die Bilder das Jahr über in der vor allem wegen ihrer Krypta sehenswerten *Abbazia del Santo Sepolcro* ausgestellt.

Wer schmackhafte römische Hausmannskost und guten lokalen Wein sucht, muss bei Wirt Ciccio zusammen mit den Einheimischen täglich um einen Tisch buhlen. Seine historische Osteria *Da Ciccio a la Capannaccia (Ortsteil Capannaccia | Tel. 34 78 79 35 68 | Mitte Okt.–Mitte Juni Mo/Di geschl. | daciccioalacapannaccia.it | €)* liegt 10 km östlich von Acquapendente. Eine wahre Ruheoase ist *Sant'Angelo (nur auf Reservierung | Strada Vicinale di Sant'Angelo | Tel. 33 87 27 10 44 | agriturismosantangelo.it | €)*, ein liebevoll renovierter *agriturismo* 5 km nördlich auf einem Hügel, der dir einen einzigartigen Blick über das Naturreservat Monte Rufeno schenkt, wo die Regionen Latium, Toskana und Umbrien aufeinandertreffen. Hier gibt es neben leckeren Gerichten auch Kochkurse (ab vier Personen). E1

INSIDER-TIPP
Römische Leckerbissen

9 OSTIA

20 km südwestlich von Rom/26 Min. mit der Bahn ab Porta San Paolo

In der Antike war Ostia eine riesige Hafenstadt an der Tibermündung. Heute erreicht man den Lido di Ostia ganz einfach mit dem öffentlichen Nahverkehr (Metro B bis Piramide, dort gegenüber zur Haltestelle Porta San Paolo). Im *römischen Theater* mit 2700 Plätzen und einer ausgezeichneten Akustik finden im Sommer Theateraufführungen statt. Ein Höhepunkt sind die Mosaiken der *Thermen (Di–So 9.30 Uhr–1 Std. vor Sonnenuntergang | ia-ostiaantica.org).* Der heutige Seeort ist ziemlich chaotisch, doch

es gibt gepflegte Strandbäder und die Wasserqualität ist in letzter Zeit besser geworden.
Zum Baden fährst du allerdings besser in den beliebten Badeort *Fregene* im Norden oder nach *Torvaianica* 20 km weiter südlich. Die Küste des Latium, zum größten Teil flach und sandig, ist mit Hotels und Ferienwohnungen schier lückenlos zugepflastert. *E2*

10 TIVOLI ★

35 km östlich von Rom/50 Min. über die A 24

Kleine römische Tempel, vor allem aber die Villen und Gärten römischer Kaiser und katholischer Kirchenfürsten lohnen den Besuch von Tivoli. Der lebenslustige Kardinal Ippolito d'Este ließ hier seinen Renaissancepalast *Villa d'Este (Di–So 8.30 Uhr–18.45, Mo 14–18.45 Uhr)* inmitten eines großen Terrassengartens mit phantastischen Wasserspielen errichten, der als die schönste Parkanlage Italiens gilt. Auch im Garten der päpstlichen *Villa Gregoriana (tgl. 10–15 Uhr)* sind eindrucksvolle Wasserfälle zu bewundern. 5 km außerhalb legte Kaiser Hadrian (76–138) seinen größenwahnsinnigen Landsitz an, die größte je gebaute römische Villa: verschiedene Paläste, Tempel, Thermen, Theater *(Villa Adriana | tgl. 9–17.30 Uhr)*.
Lecker essen kannst du 3 km außerhalb in der *Osteria La Briciola (Via Tiburtina Valeria km 36,5 | Tel. 07 74 41 84 21 | Mo und außer Sa/So mittags geschl. | osterialabriciola.it | €€)*. *F2*

Bolsena feiert Fronleichnam mit aufwendiger Blumendeko

Perfekte Symmetrie: Glockenturm der Abtei San Nilo in Grottaferrata

11 SUBIACO

70 km östlich von Rom/1¾ Std. über die A24, SR5 und SR411

Kaiser Nero hatte sich hier eine grandiose Villa errichten lassen und eine künstliche Wasserlandschaft angelegt. Vier Jahrhunderte später gründete Benedikt von Nursia hier den Benediktinerorden. Zwei eindrucksvolle Klosteranlagen zeugen davon: das *Monastero di Santa Scolastica*, vor allem aber das benediktinische Stammkloster *Monastero di San Benedetto (tgl. 9–12.30 und 15–18.30 Uhr)* voll kostbarer Fresken, das atemraubenden wie ein Schwalbennest in eine Felswand hineingebaut ist. Von kunsthistorischer Bedeutung sind ein byzantinisches Freskenfragment in der Grotte der Hirten sowie die Fresken der Ober- und Unterkirche, die vorwiegend heilige Vorbilder sowie Szenen aus dem Leben Jesu zeigen. Mit *Vivere l'Aniene (Largo Martiri di Cicchetti 1 | Tel. 3209681006 | viverelaniene.com)* erlebst du die Natur des Latium auf einer Raftingtour *(Ende März–Okt. Fr–So, Juli/Aug. tgl.)* auf dem Fluss Aniene. F2

12 CASTELLI ROMANI

20 km bis Frascati südöstlich von Rom/30 Min. mit dem Zug

Seit Jahrtausenden kommen die hitzegeplagten Römer ins grüne Bergland der *Colli Albani* aus erloschenen Vulkanen mit den schönen Kraterseen *Lago Albano* und *Lago di Nemi*. In den Tavernen der Burgdörfer, der *Castelli*, erfrischen sie sich am süffigen Weißwein Frascati und essen dazu *porchetta*, kalte Scheiben gewürzten, gegrillten Schweinebratens.

INSIDER-TIPP
Ein volkstümliches Vergnügen

Manche Päpste haben den Sommer hier in den Hügeln in *Castel Gandolfo* verbracht. Viele der Burgen und Dörfer sind auf antiken Siedlungsresten erbaut, so etwa *Albano Laziale* auf dem Sommersitz des Kaisers Domitian. In *Ariccia* ist vor allem die von Gian Lorenzo Bernini gestaltete barocke Piazza schön. Eine der Hauptsehenswürdigkeiten ist die auf den Ruinen einer römischen Villa erbaute *Abtei San Nilo* in *Grottaferrata*.

Frascati ist seit jeher das beliebteste Castello, wie seine prächtigen Villen zeigen, z.B. die barocke *Villa Aldobrandini* inmitten eines italienischen Gartens. Herrlich sitzt es sich bei guten lokalen Weinen und leckerer Küche auf der Terrasse des beliebten Ausflugslokals *Zarazà (Via Regina Margherita 45 | Tel. 0 69 42 20 53 | Mo geschl. | trattoriazaraza.it | €–€€)*. Auf einer Hochfläche 5 km entfernt von Frascati liegen die Ruinen der uralten Stadt *Tusculum* aus dem 6. Jh. v. Chr. E–F2

13 PALESTRINA

40 km östlich von Rom/1 Std. über die A 24, SP 51a und SP 55a

Telegono, Sohn des Odysseus und der Circe, soll Praeneste, eine der ältesten Städte des Latium, gegründet haben. Von mittelalterlichen Gebäuden umlagert, finden sich die Reste eines der Göttin Fortuna geweihten Tempels. Von hier aus hast du einen phantastischen Blick. Sehenswert ist das *Museo Nazionale Archeologico Prenestino (Piazza della Cortina 1 | tgl. 9–20 Uhr | 1½ Std.)*. Einer der besten Köche im Latium kocht im 8 km entfernten *Labico* im *Antonello Colonna Resort & Spa (Via di Valle Fredda 52 | Tel. 0 69 51 00 32 | So-Abend und Mo geschl. | antonellocolonna.it | €€€)*. F2

14 CIOCIARIA

70 km bis Anagni südöstlich von Rom/1 Std. über die A 24 und A 1

Hast du erst einmal die industrialisierte und zersiedelte Ebene im Südosten Roms überwunden, lohnen drei hübsche, uralte Städtchen in der Hügellandschaft Ciociaria einen Besuch: *Anagni* mit seiner herrlichen romanischen *Kathedrale,* in deren Krypta der am besten erhaltene Freskenzyklus des 13. Jhs. in Italien überrascht, diente den Päpsten als Zuflucht vor den Turbulenzen Roms. In *Ferentino* treffen römische, romanische und gotische Bauten aufeinander. *Alatri,* von dicken Mauern aus dem 4. Jh. v. Chr. eingefasst, wird von der besterhaltenen *Akropolis* Ita-

INSIDER-TIPP
Seltenes für Kunstfreaks

AUF WACKLIGER ERDE

Seit Jahren erschüttert eine Reihe von schlimmen Erdbeben Italien. Besonders betroffen bei dem starken Erdbeben im Jahr 2016 war Mittelitalien mit den Regionen Latium, Marken und Abruzzen. Die Epizentren lagen immer am Apennin: Der Adriatische Sporn, ein Anhängsel der afrikanischen Erdplatte, reibt sich hier an der eurasischen Platte und macht Italien damit zu einem Ort, der immer wieder von schweren Beben heimgesucht wird. Mit Beeinträchtigungen in den betroffenen Regionen sowie weiteren Erdstößen muss nach wie vor gerechnet werden. Informier dich vor einer Reise nach Mittelitalien besser, ob die Sehenswürdigkeiten, die dich interessieren, geöffnet sind. Aktuelle Hinweise geben das Auswärtige Amt *(auswaertiges-amt.de)* sowie die Deutsche Botschaft in Rom *(rom.diplo.de)*.

liens beherrscht. Die Gegend lockt auch mit vielen guten Restaurants; eine Spitzenadresse ist *Le Colline Ciociare (Via Prenestina 27 | Tel. 0775560 49 | So-Abend, Mo und Di-Mittag, Nov.–April generell außer So mittags geschl. | €€€)* in Acuto. *F2*

15 ABTEI MONTECASSINO

145 km südöstlich von Rom/1¾ Std. über die A 1

Bei Cassino liegt diese 529 von Benedikt von Nursia gegründete älteste benediktinische Klosteranlage. 1944 in nur drei Stunden zerbombt, wurde sie nach dem Zweiten Weltkrieg in zehn Jahren originalgetreu wieder aufgebaut. *mind. 2 Std. | F2*

16 ANZIO

60 km südlich von Rom/1¼ Std. über die SS 148 und SR 207

Im Zweiten Weltkrieg war die Küstenstadt Schauplatz einer bedeutenden militärischen Operation: Im Januar 1944 gelang es den Alliierten, von Neapel aus über den Seeweg kommend in Anzio unbemerkt an Land zu gehen. Die Stadt spielte aber bereits in der Antike eine Rolle: Kaiser Nero bewohnte eine imposante Villa direkt am Meer, von der noch Reste zu sehen sind. Heute ist Anzio (54 000 Ew.) mit seinen traumhaften Sandstränden einer der beliebtesten Badeorte im Latium. Freie Strände findest du ebenso wie gut ausgestattete Lidos. Fangfrischer Fisch kommt im kleinen *La Nostra Paranza (Via Porto Innocenziano 23 | Tel. 33 82 30 38 44 | So-Abend und Mi geschl. | €–€€)* zu ausgesprochen günstigen Preisen auf den Tisch. *E2*

17 CIRCEO

95 km bis Sabaudia südöstlich von Rom/1½ Std. über die SS 148

Der seen- und waldreiche Nationalpark erstreckt sich unterhalb Latinas bis auf die bergige Landzunge *Monte Circeo* – wunderschön ist von hier der Blick aufs Meer. Bei *San Felice Circeo* finden sich Ruinen einer römischen *Akropolis* und an der Spitze der Landzunge die Grotte der Zauberin Circe, die der Gegend ihren Namen gab. Längs der Küste reihen sich große, fisch- und vogelreiche Seen wie der *Lago di Sabaudia*. Bei *Sabaudia* im Schatten des Monte Circeo und bei *San Felice Circeo* gibt es die schönsten Sandstrände – alle freien Strände liegen herrlich im Nationalpark. Die Zisterziensermönche begannen im 13. Jh. mit der Trockenlegung der Sumpflandschaft, sehenswert ist ihr schöner gotischer Klosterkomplex *Abbazia di Fossanova*. *F3*

18 TERRACINA

110 km südöstlich von Rom/1¾ Std. über die SS 148

Antike Ruinen aus griechischer, etruskischer und römischer Zeit, endlose Sandstrände und der quirlige Alltag einer italienischen Kleinstadt machen aus Terracina (46 000 Ew.) ein richtig malerisches Hafenstädtchen. Dabei ist das erhöht gelegene historische Zentrum mit Dom und Kastell und seinem zum Teil noch original römischen Straßenpflaster ebenso sehenswert wie der moderne und mit Strandbädern und Bars bestens ausgestattete Badeort unten. Einen gigantischen Ausblick über die Landschaft aufs Meer

Naturbelassene Sandstrände wie hier bei Sabaudia findest du im Nationalpark Circeo

bietet der *Monte Sant'Angelo* nahe der Altstadt. Im 19. Jh. war Terracina ein Sehnsuchtsort für deutsche Landschaftsmaler, heute verbringen hier vor allem Italiener ihre Sommerferien. Eine kreative Meeresküche zaubert die Altstadttrattoria *La Tana degli Artisti (Via Lungolinea Pio VI 109bis | Tel. 33 37 59 02 58 | tgl. | Facebook | €€).* *F3*

19 SPERLONGA

130 km südöstlich von Rom/2¼ Std. über Terracina

Der Küstenort (3300 Ew.) wartet mit einem malerischen Ortskern überm Meer und der schönen *Spiaggia Angelo* auf. Der römische Kaiser Tiberius verbrachte hier gern die Sommermonate. Die Reste seiner über 300 m langen Villenanlage sind sehenswert. Im *Museo Archeologico (tgl. 8.30–19.30 Uhr)* sind Reste der Skulpturengruppen aufbewahrt, die einst die zum Meer geöffnete Tiberius-Grotte schmückten. *F3*

20 PONTINISCHE INSELN (ISOLE PONTINE)

150 km bis Formia südöstlich von Rom/2½ Std. über Terracina

Von Formia (wie auch von Terracina und von Anzio weiter nördlich) starten die Fährschiffe zu den Inseln *Ponza, Palmarola* und *Ventotene* aus von mediterranem Buschwald bedecktem Vulkantuff. Letztere ist unter Feinschmeckern für ihre kleinen Linsen berühmt. Römische Siedlungsreste, pastellfarbene Fischerhäuser, ein paar Hotels und Restaurants – ein (Taucher-)Paradies und der heiße Tipp unter römischen Sommerfrischlern. *Cala Nave* mit feinem Sand ist sicher der schönste Strand. *F3*

DIE SÜDLICHE ADRIA

IN MEER UND GESCHICHTE EINTAUCHEN

Von den höchsten Gipfeln in den Abruzzen zum Stiefelabsatz, dem Salento: Burgen, Kirchen und Türme prägen die Küste. Drei Regionen grenzen an die südliche Adria: In den Abruzzen mit ihrer grandiosen Bergwelt schwingt sich der Apennin zu seinen höchsten Höhen auf – 2912 m erreicht der Gipfel des Gran Sasso d'Italia –, dazu kommen hübsche Städte in den Bergen wie Chieti, L'Aquila, Sulmona und ein reges Badeleben längs der Küste. Eine informative Website zu den Abruzzen ist *abruzzoturismo.it.*

Sauberes Meer und eine spannende Küste voller Grotten: der Salento nördlich von Otranto

Südlich schließt sich das Molise an, einsam, bergig, dünn besiedelt. Neben Ruinen alter Römerstädte finden sich hier sogar menschliche Siedlungsspuren, die Hunderttausende von Jahren zurückreichen. Und schließlich Apulien, die wohlhabendste Region Süditaliens, die daher auch „Norden des Mezzogiorno" genannt wird und Bari, die Hauptstadt der Region, „Mailand des Südens". Ausführliche Informationen zum Stiefelabsatz findest du im MARCO POLO Reiseführer „Apulien".

DIE SÜDLICHE ADRIA

MARCO POLO HIGHLIGHTS

★ **CASTEL DEL MONTE**
Das achteckige Lieblingskastell von Stauferkaiser Friedrich II. ➤ S. 74

★ **ALBEROBELLO**
Kreisrunde, weiße Häuschen mit schwarzen Kegeldächern ➤ S. 75

★ **GARGANO**
Der Sporn des italienischen Stiefels ist ein Sommerparadies ➤ S. 68

★ **BAROCKFASSADEN IN LECCE**
Aus weichem Tuff schnitten die Steinmetzen üppiges Zierwerk ➤ S. 77

★ **BALZE BEI ATRI**
Versteinerte, tief in die Apenninhänge geschnittene Erosionsfurchen ➤ S. 65

★ **PARCO NAZIONALE D'ABRUZZO, LAZIO E MOLISE**
Hier geben sich Bären und Wölfe ein Stelldichein ➤ S. 67

★ **KATHEDRALE SAN NICOLA PELLEGRINO IN TRANI**
Die Königin unter den apulisch-romanischen Kathedralen ➤ S. 74

★ **BASILICA DI SAN BERNARDINO IN L'AQUILA**
Kirche mit der schönsten Renaissancefassade der Abruzzen ➤ S. 62

★ **MOSAIKFUSSBODEN DES DOMS VON OTRANTO**
Ein Bilderreigen aus Millionen von Steinchen ➤ S. 79

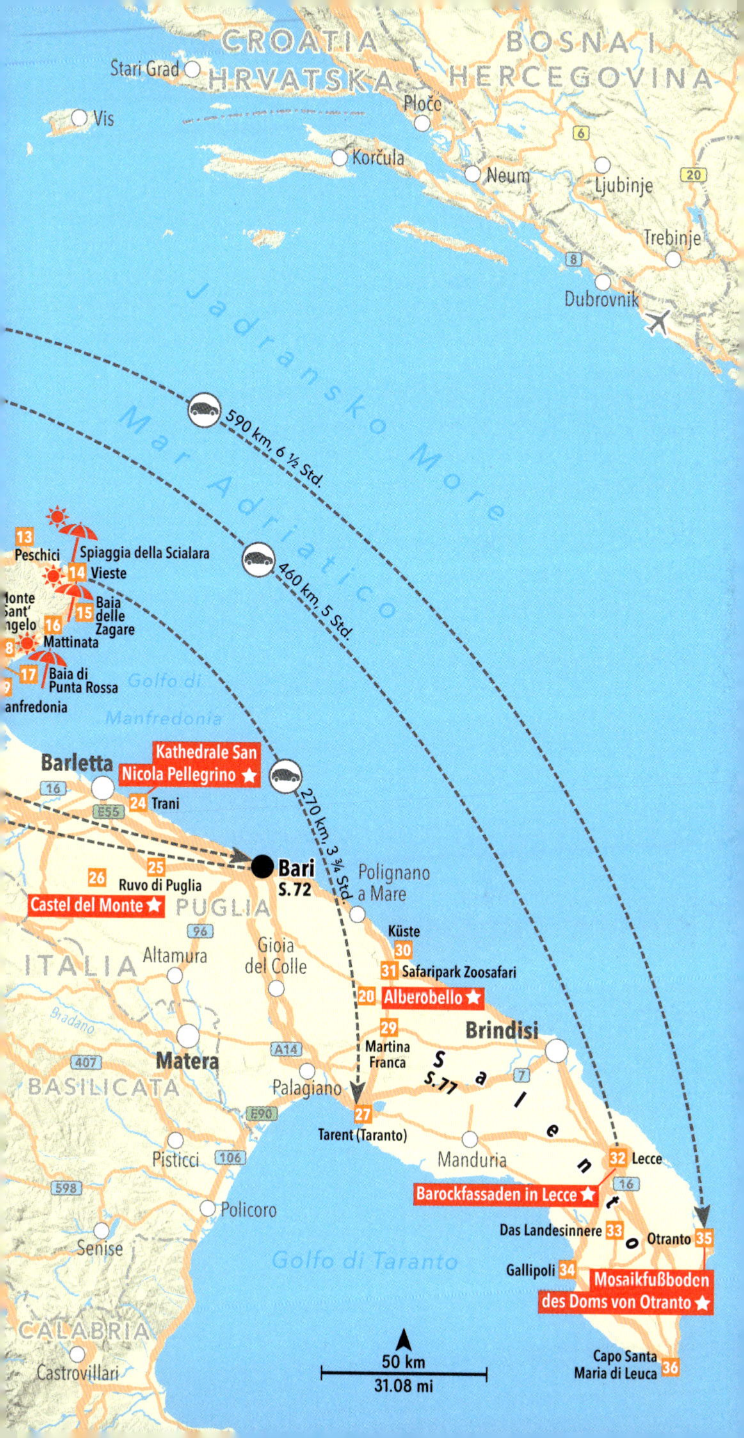
CROATIA
HRVATSKA
BOSNA I
HERCEGOVINA
Stari Grad
Vis
Ploče
Korčula
Neum
Ljubinje
Trebinje
Dubrovnik
Jadransko More
Mar Adriatico
590 km, 6 ½ Std.
460 km, 5 Std.
270 km, 3 ¾ Std.
13 Peschici
Spiaggia della Scialara
14 Vieste
15 Baia delle Zagare
16 Mattinata
17 Baia di Punta Rossa
Golfo di Manfredonia
Barletta
Kathedrale San Nicola Pellegrino
24 Trani
Bari
S. 72
25
26 Ruvo di Puglia
Castel del Monte
PUGLIA
Polignano a Mare
Küste 30
31 Safaripark Zoosafari
20 Alberobello
29 Martina Franca
ITALIA
Altamura
Gioia del Colle
Matera
BASILICATA
Bradano
Palagiano
27 Tarent (Taranto)
Brindisi
Salento
S. 77
Manduria
32 Lecce
Barockfassaden in Lecce
Das Landesinnere 33
Otranto 35
Gallipoli 34
Mosaikfußboden des Doms von Otranto
Capo Santa Maria di Leuca 36
Pisticci
Policoro
Senise
Golfo di Taranto
CALABRIA
Castrovillari
50 km
31.08 mi

L'AQUILA

(📖 F1) **Vor der eindrucksvollen Kulisse des höchsten Apenninmassivs, des Gran Sasso d'Italia, liegt L'Aquila (70 000 Ew.), bis zum Erdbeben vor wenigen Jahren intaktes Mittelalter auf gut 700 m Höhe.**
Die Regionshauptstadt der Abruzzen, ungefähr auf halber Strecke zwischen der Adriaküste und Rom gelegen, hatte der Staufer Friedrich II. im Jahr 1240 als Vorposten gegen das päpstliche Rom gegründet. 2009 wurde sie von einem schweren Erdbeben zerstört, das über 300 Menschen das Leben kostete. Inzwischen sind viele Häuser und öffentliche Gebäude wieder aufgebaut, auch die meisten Einwohner sind in ihre Häuser zurückgekehrt. Die Spuren des Erdbebens werden aber noch lange sichtbar sein, auch wenn die Stadt wieder zu leben begonnen und in ihren Alltag zurückgefunden hat.

SIGHTSEEING

MUSEO NAZIONALE D'ABRUZZO MUNDA

Das beim Erdbeben stark beschädigte spanische Kastell im Stadtpark ist derzeit geschlossen. Ein bedeutender Teil der Sammlung zur Kunst in den Abruzzen von der Prähistorie bis heute ist jedoch im ehemaligen Schlachthof in der Nähe des Brunnens der 99 Röhren ausgestellt: *Ex-Mattatoio | Via Tancredi da Pentima | Di–So 8.30–19.30 Uhr | museonazionaleabruzzo.beniculturali.it | ⏲ 1 Std.*

FONTANA DELLE 99 CANNELLE

Das lange Becken des eindrucksvollen Brunnens der 99 Röhren von 1272 zieren 99 Wasser speiende Steinmasken. Einer Legende nach soll die Gründung von L'Aquila im Mittelalter von 99 Burgen des Umlands unterstützt worden sein. An diese Legende erinnert auch der Glockenschlag des Rathausturms, der jeden Tag bei Sonnenuntergang 99 Mal ertönt. Der beim Erdbeben stark beschädigte Brunnen wurde danach sofort restauriert: als Symbol dafür, dass L'Aquila in die Zukunft blickt. *Borgo Rivera*

BASILICA DI SAN BERNARDINO ★

Höhepunkt der barock ausgestatteten Kirche ist die nachts eindrucksvoll beleuchtete Renaissancefassade (1527–1540). Zusammen mit dem Kloster nebenan in der zweiten Hälfte des 15. Jhs. zu Ehren des hl. Bernhard von Siena gebaut, beherbergt die Kirche dessen sterbliche Überreste – L'Aquila war seine letzte Wirkungsstätte. Nach aufwendigen Restaurierungsarbeiten ist die beim Erdbeben stark beschädigte Kirchendecke aus wertvollen Holzschnitzereien und bemalten Leinwänden wieder zu bestaunen. *Via di San Bernardino | tgl. 9.30–12.30 und 15.30–18 Uhr*

SANTA MARIA DI COLLEMAGGIO

Dank ihrer grandiosen Fassade galt die Kirche gleich vor der Stadtmauer L'Aquilas seit jeher als schönster Sakralbau der Abruzzen. Mehrere Erdbeben haben dem Bau im Lauf der Jahrhunderte immer wieder zugesetzt, doch auch die Schäden des letzten

Den Gran Sasso bezwungen: Er hat es auf den 2912 m hohen Corno Grande geschafft

Erdbebens konnten glücklicherweise behoben werden. Ende August steht die Kirche seit über 700 Jahren regelmäßig im Rampenlicht: Dann feiern die Einheimischen das prächtige Fest der *Perdonanza Papale* mit allem, was die Abruzzen an Folklore zu bieten haben – eine Hommage an den aus L'Aquila stammenden Papst Cölestin V. und seine „Bulle der Vergebung".

ESSEN & TRINKEN

AQUILANA DA LINCOSTA

In dieser einladenden Trattoria im Zentrum kommen regionale Zutaten auf den Tisch, viele in Bioqualität. Eine Spezialität ist das *agnello fritto*, frittierter Lammbraten. *Via Antonelli 6 | Tel. 08 62 20 43 58 | So-Abend und Mo-Mittag geschl. | dalincosta.it | €–€€*

LE ORIGINI

Hervorragend geführtes Restaurant, lokale Küche, ausgezeichnete Weinkarte. *Via Borgo Rivera 25 | Tel. 32 08 76 06 58 | Di geschl. | Facebook | €€*

RUND UM L'AQUILA

1 GRAN SASSO D'ITALIA

20 km bis Fonte Cerreto nordöstlich von L'Aquila/30 Min. über die SS 17bis

Auf fast 1500 km² beeindruckender Natur erstreckt sich dieser riesige Nationalpark. Im Norden beginnt er unterhalb von Ascoli Piceno und umfasst die Monti della Laga, ein sanft geschwungenes Mittelgebirge, das dank reichlich Wasser mit dichtem Waldbewuchs und aufregenden Wasserfällen aufwarten kann, allen voran die *Cascata della Morricana* und die Schluchten *Gole del Salinello*. Ein ländlicher Einkehrtipp mit besonders gutem Essen im 10 km nördlich von Teramo gelegenen *Campli* ist das *Eclisse – Il Ristorantino del Nonno (Via Piane Nocella 16 | Tel. 0 86 15 62 76 | Mo geschl. | €–€€).* Höhepunkt des Naturparks im wörtlichen wie im übertragenen Sinn ist das enorme, kalkhelle Felsmassiv Gran Sasso d'Italia, der „große Fels Italiens", mit seinem Gipfel Corno Grande von 2912 m höchste Erhebung im gesamten Apennin. Die Autobahn, die *Teramo* (quirlige Kleinstadt mit schönem altem Zentrum) mit L'Aquila verbindet, untertunnelt den Berg. Ausgangspunkte für Wanderer, Bergsteiger und Ausflügler mit Parkplatz, Imbissbars, Hotels und Aufstiegsanlagen sind z. B. *Prati di Tivo* und *Fonte Cerreto* bei Assergi. In *Assergi* lohnt die sehenswerte romanische Kirche *Santa Maria Assunta* mehr als einen Blick.

Rund um Atri wirft die Erde Falten

Nordwestlich des Massivs erstreckt sich landschaftlich schön gebettet der größte Stausee im Apennin, der *Lago di Campotosto,* während sich südlich auf 2000 m Höhe die weitläufigste und höchste Hochebene Italiens ausdehnt, der *Campo Imperatore,* eine faszinierende, von urzeitlichen Gletschern flach und zu Mulden gescheuerte Landschaft, als Kulisse immer wieder sehr beliebt bei internationalen Filmregisseuren. Ein gut erhaltenes mittelalterliches Dorf ist *Castel del Monte.* Im *Ristoro Mucciante (Ortsteil Fonte Vetica | Tel. 33 98 85 57 51 | abends geschl., April–Okt. tgl., Dez.–März nur Sa/So | ristoromucciante.it | €)* auf den Hochweiden des Campo Imperatore kommt Fleisch satt auf den groben Holztisch: Die berühmten abruzzischen *arrosticini,* gegrillte Schaffleischspießchen (einer kostet 60 Cent!), gibt es hier so lecker wie kaum woanders. Du holst sie dir im Self-Service; man verzehrt mindestens ein Dutzend, dazu gibts offenen Wein und Holzofenbrot. F1

2 ATRI

75 km nordöstlich von L'Aquila/ 1¼ Std. über die A 24, SS 150 und SP 553

INSIDER-TIPP
Schwarz, geringelt, süchtig machend

Der Ausflug durch die Berge in das 11 000-Ew.-Städtchen mit schöner romanisch-gotischer *Kathedrale* lohnt wegen der zahllosen Lakritzläden, die das schwarze Gold der Abruzzen verkaufen, vor allem aber wegen des eindrucksvollen Naturszenarios der ★ *balze* oder *bolge:* steile, graue Erdfalten, von der Erosion ausgewaschen, die tief die Abhänge hinunterzustürzen scheinen. *G1*

3 CHIETI

95 km östlich von L'Aquila/1 Std. 20 Min. über die SS 17, SS 153, SR 5 und A 25

Das alte, lebhafte Städtchen (51 000 Ew.) bietet wunderbare Ausblicke auf das Maiellamassiv und aufs Meer. Außerdem warten Reste dreier römischer *Tempel,* eines *Amphitheaters,* von *Thermen,* ein gotisch-barocker *Dom* und ein ausgezeichnetes *Archäologisches Museum (Viale G. Costanzi 2 | Di–So 8.30–19.30 Uhr | 1½ Std.)* mit den bedeutendsten prähistorischen und römischen Funden der Abruzzen. Auf dem Weg liegt 25 km vor Chieti die romanische Abtei *San Clemente a Casauria.* Sie wurde 871 von Kaiser Ludwig II. gegründet und beeindruckt mit kunstvollen Verzierungen aus weichem Tuffstein. *G1*

4 PESCARA

105 km östlich von L'Aquila/1½ Std. uber Chieti

Das urbane Hafenzentrum (120 000 Ew.) der Abruzzen, Geburtsort des exzentrischen Dichters Gabriele D'Annunzio – *Geburtshaus-Museum: Corso Manthonè 116 | tgl. 8.30–19 Uhr* –, ist eine römische Gründung, doch durch Kriegszerstörungen hat es heute ein modernes Stadtbild. Die bevölkerungsreichste Stadt der Abruzzen ist gut für Schaufenster- und Meerpromenadenbummel *(Lungomare Matteotti, Viale della Riviera).* An der Seeseite gibt es dazu zahllose Ferienhotels, Strandbäder und Fischrestaurants. Eine der beliebtesten Speiseadressen in der sehenswerten historischen Altstadt ist das *La Taverna 58 (Corso Manthonè 46 | Tel. 0 85 69 07 24 | Fr-Mittag, Sa-Mittag und So geschl. | taverna58.it | €€).* Bestell hier mal *pecora della Maiella al tegame:* ein im Terrakottatopf mit Linsen und Kartoffeln gegarter Schafsbraten, der zu den Köstlichkeiten der Region zählt.

Die Küste nördlich und südlich von Pescara wartet immer wieder mit langen Sand- und Kieselstränden auf, auch wenn sich die Berge meist bis nah ans Meer heranschieben. Hübsche, hoch gelegene Städtchen mit ihrer Marina unten am Wasser sind z. B. *Giulianova, Ortona* oder *Vasto.* Weite Pinienwälder säumen die schönen Sandstrände sonst wenig attraktiver Badeorte wie *Roseto degli Abruzzi* und *Pineto.* *G1*

5 FONTECCHIO

25 km südöstlich von L'Aquila/30 Min. über die SS 261

In den Abruzzen gibt es unzählige gut erhaltene, entzückende mittelalterliche Dörfer, von den Einheimischen *borgo* genannt. Eines davon ist das hübsche Fontecchio. Bei der Piazza del Popolo steht ein sehenswerter *Brunnen* aus der frühen Renaissance. *F2*

6 FIUME TIRINO

40 km östlich von L'Aquila/45 Min. über die SS 17

Beim kleinen Ort *Capestrano* starten von Juni bis September geführte Kajaktouren auf dem Fluss Tirino – ein wunderbares Naturerlebnis. Die Fahrt dauert ungefähr zweieinhalb Stunden. *Società Cooperativa Il Bosso | Tel. 08 59 80 80 09 | short.travel/its22 | F1*

7 BOMINACO

35 km südöstlich von L'Aquila/35 Min. über die SS 17

Auf der Fahrt gen Süden Richtung Sulmona kommst du an Safranfeldern vorbei und am Abzweig nach Bominaco, das unbedingt einen Besuch wert ist wegen zweier besonders schöner mittelalterlicher Kirchen: *San Pellegrino* und *Santa Maria dell'Assunta;* wenn sie geschlossen sind, frag in der nächsten Bar nach dem *custode* mit dem Schlüssel. *F2*

8 SULMONA

70 km südöstlich von L'Aquila/1 Std. 10 Min. über die SS 17

Über dem schönen Städtchen (24 000 Ew.) liegt der Duft von gebrannten Mandeln, eine alte, immer noch aktiv gepflegte Tradition des Orts. Im Zentrum mit seinem großen Hauptplatz, den ein mittelalterlicher Aquädukt flankiert, lohnt der elegante Palast- und Klosterkomplex *Santa Maria Annunziata* aus dem 15. Jh. mit seinen feinen Stilelementen aus Gotik und Renaissance einen Blick. Besonders gut mit hausgemachter Pasta und mitten unter Einheimischen isst du 8 km östlich in dem bezaubernden Bergdorf *Pacentro* in der *Taverna dei Caldora (Piazza Umberto I 13 | Tel. 08 64 41 11 39 | Mo/Di und So-Abend geschl. | €€).*

INSIDER-TIPP
Zu Gast wie in alten Zeiten

Die östliche Kulisse Sulmonas bildet ein weiterer großer Nationalpark: die Gebirgszüge der *Maiella*. Das Parkzentrum ist *Guardiagrele;* hier isst du ausgezeichnet im Restaurant *Villa Maiella (Via Sette Dolori 30 | Tel. 08 71 80 93 19 | So-Abend und Mo geschl. | villamaiella.it | €€). G2*

9 AGNONE

140 km südöstlich von L'Aquila/ 2½ Std. über Sulmona

In Agnone (4800 Ew.) hält sich seit Jahrhunderten die Tradition der Glockengießerei. Das Museum neben der alten Traditionsgießerei *Pontificia Fonderia di Campane Marinelli* zeigt phantastische Glocken aus dem Mittelalter bis heute, dazu kannst du dir Glockenkonzerte anhören. *Via Felice D'Onofrio 14 | Führungen tgl. 12 und außer So 16, Aug. auch 11 und außer So 17 Uhr | campanemarinelli.com | G2*

10 SCANNO

100 km südöstlich von L'Aquila/1 Std. 50 Min. über Sulmona

Durch die wildromantische Schlucht *Gola del Sagittario* und am Natursee *Lago di Scanno* vorbei gelangst du in das hübsche Bergstädtchen (1800 Ew.). Es ist berühmt für seine alten Frauen, die noch täglich ihre schwarzen Trachten tragen. Die Pfade, die Scanno einst über Hügel und Täler mit den Nachbardörfern verbunden haben, sind vom örtlichen Mountainbikeverein zu zehn interessanten Mountainbikestrecken ausgebaut worden *(short.travel/its24)*. *G2*

INSIDER-TIPP
Kraftakt mit Ausblicken

11 ISERNIA

140 km südöstlich von L'Aquila/ 2¼ Std. über Sulmona

Isernia (22 000 Ew.) ist ein Pilgerort der Paläontologen: Hier wurden die in Europa ältesten Spuren menschlichen Lebens gefunden – über 730 000 Jahre alt sind die Reste von Jagdbeuten und Feuerstellen des „Homo aeserniensis" im *Museo Nazionale Santa Maria delle Monache (Corso Marcelli 48 | Wiedereröffnung nach Umbau voraussichtlich 2021)*. *G2*

12 PARCO NAZIONALE D'ABRUZZO, LAZIO E MOLISE ★

100 km bis Pescasseroli südlich von L'Aquila/45 Min. über die SS 5, SS 696 und SS 83

Schon 1923 eingerichtet, ist dieser knapp 500 km² große Nationalpark im Süden der Abruzzen der zweitälteste Italiens. In der wilden, ursprünglichen Berglandschaft, einst die Domäne der Köhler und Hirten mit ihren Schafherden, leben Wildtiere, die anderswo keinen Lebensraum mehr finden, wie Wölfe, Braunbären, Steinbö-

Mitten durch die Altstadt von Sulmona zieht sich ein Aquädukt aus dem Mittelalter

Zwischen Peschici und Vieste: vorn hippe Surfer, hinten ein traditioneller Fischergalgen

cke, Luchse, Wildkatzen, sowie zahlreiche Reptilien- und Vogelarten, darunter Königsadler.
Im Wildgehege des Besucherzentrums in *Pescasseroli* kannst du ein paar Bären aus der Nähe beobachten. Der 2100-Seelen-Ort füllt sich in den Wintermonaten, denn die umliegenden Berghänge bieten das aufwendigste Skigebiet Süditaliens. Im Frühling und Sommer kommen die Wanderer, Reiter und Mountainbiker. Ein Netz von rund 150 markierten Wanderwegen führt in die weite, raue Bergwelt, in der auch Berghütten Unterschlupf bieten. Für einige besonders beliebte Routen muss man in der Hochsaison in den Touristenbüros Tickets erstehen, z.B. in *Pescasseroli (Viale Santa Lucia | Tel. 0863 9113242 | parcoabruzzo.it).* Gut essen kannst du im charmanten Restaurant *Plistia (Via Principe di Napoli 28 | Tel. 3920350394 | Di geschl. | albergoristoranteplistia.it | €€)* mit gehobener Lokalküche. *F-G2*

GARGANO

(H-J2) **Der italienische Stiefelsporn, Promontorio del ★ Gargano genannt, erhebt sich aus der Ebene des Tavoliere zu einem Kalkmassiv und ragt als Vorgebirge über 50 km in die Adria hinaus.**
Seine abwechslungsreiche Formation reicht von seiner Nordküste, die zu Stränden und den weiten, sandigen Lagunenseen Lago di Lesina und Lago di Varano mit florierender Muschelzucht abfällt, bis zur wild bewegten

Ost- und Südküste aus Klippenwänden, bizarr erodierten Felsen, Grotten und eingeschnittenen Sand- und Kieselbuchten, Lieblingsspots der Kitesurfer. Auf Bootsausflügen lässt sich diese Küste gut erkunden.

Im Landesinneren erreichen die Gipfel bis zu 1000 m Höhe. Weite Teile der Halbinsel bedeckt die *Foresta Umbra*, der „dunkle Wald", ein in Süditalien einzigartiger, uralter Laubwald aus Buchen, Ahorn und immergrünen Steineichen. Wanderwege durchziehen ihn und Picknickplätze bieten wunderbar schattige Rast. Der gesamte Sporn ist ein Nationalpark.

INSIDER-TIPP
Märchenhaft schön

Längst hat die Ferienindustrie den Gargano als vielleicht schönsten Flecken an der Adriaküste entdeckt, Feriendörfer und aufwendig ausgestattete Campingplätze säumen vor allem die Nordküste mit den weiten Stränden. Auch die malerischen Fischerdörfer Peschici und Vieste an der felsigen Ostküste, durch Küstenstraßen mit atemraubenden Ausblicken miteinander verbunden, leben heute vorwiegend vom Sommertourismus.

ZIELE AUF DEM GARGANO

13 PESCHICI

Der sich hoch auf einem Felsen auftürmende Ort (4500 Ew.) mit seinem orientalisch anmutenden Gassengewirr ist ein besonders schöner Flecken auf dem Gargano. Unten am Fuß des Felsens erstrecken sich ein weiter Sandstrand und der kleine Hafen. Am Strand und in den Badebuchten drängen sich im Hochsommer die Feriengäste, abends ist ein Bummel durch die Altstadt angesagt, vorbei an Läden, Restaurants und Cafés. Vom Hafen gelangst du mit der Fähre in 75 Minuten auf die Tremitiinseln.

Ein ausgezeichnetes Fischrestaurant mit einer herrlichen Panoramaterrasse 3 km südöstlich an der Küstenstraße nach Vieste ist das *La Collinetta (Tel. 39 28 11 60 65 | Ostern-Okt. tgl. | €-€€)*. 2 km östlich von Peschici liegt idyllisch direkt am Meer das Lokal *Trabucco da Mimì (Tel. 08 84 96 25 56 | April-Okt. tgl. | altrabucco.it | €-€€)*: Hier bekommst du fangfrischen Fisch und klasse Jazz, live gespielt über den Felsen von Punta San Nicola. *J2*

14 VIESTE

Am östlichsten Punkt des Sporns siedelt das hübsche Städtchen (14 000 Ew.) mit bis spät in den Abend quirliger Altstadt, mit Stauferkastell und stattlicher Kathedrale, mit Restaurants und Geschäften, Stränden und Hafen. Das Zentrum des Gargano quillt im Juli und August über von Feriengästen. Am Yachthafen direkt am Wasser liegt das moderne Restaurant *Molo 54 (Lungomare Europa | Tel. 08 84 70 10 80 | April-Okt. tgl. | €€)*. Am Strand von Vieste erhebt sich der turmartige Kreidefelsen *Pizzomunno* („Spitze der Welt"). Hier findest du die wunderschöne, gut gepflegte *Spiaggia della Scialara*. Im Campingdorf *Capo Vieste (Litoranea Vieste-Peschici km 8 | Tel. 08 84 70 63 26 | capovieste.it)* direkt am Meer findest du eine professionelle Wind- und Kitesurfschule. *J2*

15 BAIA DELLE ZAGARE

Gut 25 km weiter Richtung Mattinata liegt ein echter Traumstrand: die Baia delle Zagare (auch *Baia dei Mergoli*); hier bist du mit Glück vielleicht sogar allein, denn die Bucht mit hellem Sand und den markanten *Faraglioni*-Felsen ist nur zu Fuß über einen Pfad erreichbar. 7 km nördlich isst du hervorragend in der inmitten grüner Natur gelegenen *Trattoria da Tonino Vignanotica (SP 53 | Tel. 34 63 12 96 86 | Ostern–Okt. tgl. | €–€€)*. J2

16 MATTINATA

In einer fruchtbaren Senke voller Olivenhaine liegt das Städtchen (6300 Ew.) mit einem sympathischen, weiß gekalkten Ortskern, abendlicher Bummelmeile, guten Möglichkeiten zum Einkaufen lokaler Produkte, schönen Campingplätzen und einem Kiesstrand. J2

17 BAIA DI PUNTA ROSSA

Südlich von Mattinata Richtung Manfredonia findest du eine der schönsten Strandbuchten Süditaliens: heller, feiner Sand vor helltürkis glitzerndem Wasser und dazu ein einmaliger Pinienduft. J2

18 MONTE SANT'ANGELO

INSIDER-TIPP
Minimalistische Architektur von anno dazumal

Um die stattliche Kirche *San Michele Arcangelo* gruppiert sich der hübsche Ort (13 000 Ew.) auf 796 m Höhe mit seinen eigentümlichen Reihenhäusern aus dem 16./17. Jh. im Viertel Junno. In einer großen Grotte unter der Kirche wird dem Erzengel Michael in täglichen Messen gehuldigt – und das seit dem 5. Jh., was die auch heute viel besuchte Pilgerstätte zu einem der ältesten abendländischen Wallfahrtsorte macht, der auch zum Unesco-Welterbe gehört. Achte auf das schöne Bronzeportal von 1076 am Grotteneingang! Vom Restaurant *La Rocca (Via Ciuffreda 1 | Tel. 08 84 22 63 81 | Nov.–März Sa-Mittag und So-Mittag geschl. | larocca.restaurant | €)* hast du einen phantastischen Blick über die Landschaft bis aufs Meer – deshalb stehen neben ländlicher Bauernkost auch Fischgerichte regelmäßig auf der Karte. J2

19 MANFREDONIA

Eine herrliche Panoramastrecke führt von Monte Sant'Angelo nach Manfredonia (57 000 Ew.). Hier im Süden läuft der Gargano zum gleichnamigen Golf hin aus. Vom Hafen Manfredonias starten im Sommer Boote nach Vieste und zu den Tremitiinseln. Interessante Bootsausflüge (auch mit kulinarischem Programm wie Aperitif oder Abendessen an Bord) entlang der Küste bietet *Marlin One (marlinone.it)* an. Sehenswert ist das Stauferkastell, vor allem aber das darin befindliche *Museo Nazionale Archeologico di Manfredonia (Wiedereröffnung voraussichtl. Anfang 2021)* mit den geheimnisvollen Steinstelen der Daunier, der hoch entwickelten apulischen Urbevölkerung aus dem 6./7. Jh. v. Chr. H–J2

20 SAN GIOVANNI ROTONDO

Der Ort (27 000 Ew.) mit seinen zahlreichen Arztpraxen, dem großen Krankenhaus Casa Sollievo della Sofferenza

Isola San Nicola: ein Inseltraum zum Baden, Tauchen, Schnorcheln

und dem nach Plänen von Renzo Piano erbauten Wallfahrtstempel fasziniert als neuzeitliches Pilgerziel: Hier wirkte der 1968 gestorbene Wunderheiler Padre Pio, 2002 heiliggesprochen und Magnet für alljährlich 7 Mio. Pilger. Der Ort ist mittlerweile der größte Arbeitgeber ganz Apuliens! H2

RUND UM DEN GARGANO

21 TREMITIINSELN (ISOLE TREMITI)

50 Min. mit der Fähre von Rodi Garganico

Man sagt von ihnen, sie seien die schönsten „Tropeninseln" Italiens: Von den vier Felsinseln sind zwei, die *Isola San Domino* und die *Isola San Nicola*, von knapp 500 Menschen bewohnt und zudem bei Schnorchlern und Tauchern sehr beliebt. Zu den Einheimischen gesellen sich in der Sommersaison bis zu 10 000 Tagesausflügler, die auf Fährbooten aus Rodi Garganico und Termoli übersetzen. H2

22 TERMOLI

110 km westlich von Peschici/1½ Std. über die SS 693 und SS 16

Die Stadt (34 000 Ew.) besitzt eine malerische Altstadt auf einem Felssporn überm Meer, mit *Dom* (orientalische Mosaikreste in der Krypta) und einem staufischen *Kastell*. Im Sommer tummeln sich hier die Touristen, die auf die Tremitiinseln wollen. H2

23 AQUALAND DEL VASTO

145 km nordwestlich von Peschici/ 1 Std. 50 Min. über die SS 693 und die A 14

Der größte und aufwendigste Wasservergnügungspark an der südlichen

Baris *città vecchia* – wo sonst bröckelt der Putz so charmant wie in italienischen Altstädten?

Adriaküste erwartet dich unweit vom Bahnhof Vasto San Salvo. Es begeistern Riesenwasserrutschen, grüne Oasen zum Entspannen, Schwimmbecken mit künstlichen Wellen und abends gibt es Livemusik und Disco. *Mitte Juni–Anfang Sept. tgl. 10–18 Uhr | aqualandvasto.com | ▯ G2*

BARI

(▯ J3) **Wenn du in Apulien Lust auf Stadt hast – immerhin ist Bari nach Neapel die größte Süditaliens und wie diese direkt am Meer gelegen –, dann ist die Hauptstadt der Region eine schöne Entdeckung.**

In den letzten Jahren ist richtig Schwung reingekommen, hat sich viel getan, die *baresi* haben restauriert und ihre Stadt herausgeputzt und in der Altstadt ein paar Fußgängerzonen eingerichtet. Neben den berühmten alten Kirchen (hier liegen die Gebeine des hl. Nikolaus!) und Kastellen lohnt der Besuch wegen der Altstadt, der *città vecchia,* die sich auf einer Landzunge ins Meer schiebt: ein lebhaftes Gassenlabyrinth, in dem heute noch flinke Frauenhände die typischen *orecchiette*-Nudeln auf offener Straße formen, beliebt auch als Ausgehviertel der *baresi.*

Schon unter den Byzantinern war Bari das Handelsfenster zum Orient und heute findet hier alljährlich im September die größte Verkaufs- und Produktmesse des Mittelmeerraums statt, die Fiera del Levante. Landeinwärts der Altstadt, jenseits des Corso Vittorio Emanuele II, beginnt die schachbrettartig angelegte Neustadt aus dem

19. Jh. mit Hotels, Bürgerhäusern und eleganten Ladenstraßen. Zum Café und zum Aperitif treffen sich die Einheimischen auf der *Piazza del Ferrarese* oder in einer der zahlreichen Bars am Lungomare wie dem *Gran Caffè Riviera*. Die *Via Sparano* in der Neustadt ist die beste Shoppingmeile.
An die Neustadt schließt sich die chaotische Peripherie der Industrieanlagen und Mietskasernen an. Im Lauf des 20. Jhs. hat sich Baris zuvor bescheidene Einwohnerzahl auf rund 325 000 fast verzehnfacht.

SIGHTSEEING

SAN NICOLA

In der Altstadt steht dieser Urtyp der romanisch-apulischen Kirche (11./12. Jh.) mit wunderbaren mittelalterlichen Steinmetzarbeiten am Nordportal und an den Kapitellen. Unter der Kirche tragen 26 Säulen die Krypta mit den Gebeinen des hl. Nikolaus aus Myra, Schutzpatron Baris. Nach ihm ist auch das architektonisch atemraubende Fußballstadion von Renzo Piano benannt. *Piazza Elia | tgl. 7.15–20.30, So bis 22.30 Uhr*

CATTEDRALE SAN SABINO

Von allem barocken Schmuck bereinigt, ist die dreischiffige Kathedrale wohl die schönste Kirche Apuliens im apulisch-romanischen Baustil. Sie beherbergt die Reliquien des hl. San Sabino, der bis ins 11. Jh. Baris Schutzpatron war. Renommiert ist die byzantinisch anmutende Ikone der sogenannten Madonna Hodegetria unten in der Krypta unterm Altarbereich. *Piazza Odegitria | Mo–Sa 8–12.30 und 16–20, So 8–12.30 und 17–20 Uhr*

STAUFERKASTELL (CASTELLO SVEVO)

Die gewaltige Wehranlage wurde unter Friedrich II. aus einer byzantinisch-normannischen Vorgängerbastion gestaltet. Heute werden Ausstellungen u. a. von zeitgenössischer Kunst gezeigt. *Piazza Federico II di Svevia | tgl. 8.30–18.30 Uhr | ⏲ 1¼ Std.*

PINACOTECA CORRADO GIAQUINTO

Bedeutende Sammlung, u. a. süditalienische Meister aus dem 16.–18. Jh. *Lungomare Nazario Sauro 27 | Di–Sa 9–19, So 9–13 Uhr | pinacotecabari.it | ⏲ 1 Std.*

ESSEN & TRINKEN

LA UASCÈZZE

In der urig-charakteristischen Trattoria in der Altstadt kommen einfache, leckere Gerichte auf den Tisch. *Vico Sant'Agostino 2–3 | außer So mittags geschl. | Tel. 08 05 23 60 23 | lauascezze.com | €–€€*

TERRANIMA

Das liebevoll eingerichtete kleine Lokal in der Neustadt überzeugt mit typisch apulischer Saisonküche. *Via Putignani 215 | Tel. 08 05 21 97 25 | So-Abend geschl | terranima.com | €€*

ANTICA SANTA LUCIA

Seit 1950 von derselben Familie geführtes Restaurant direkt am Meer. Chefkoch Antonio ist bekannt für seine mediterranen Fischgerichte. *Lungomare Starita 9 | Tel. 08 05 34 75 87 | Di geschl. | €€*

RUND UM BARI

24 TRANI

50 km nordwestlich von Bari/45 Min. über die SS 16

Seinen Ruhm unter den Küstenstädten verdankt Trani (54 000 Ew.) seiner hellen, normannisch-romanischen ★ *Kathedrale San Nicola Pellegrino.* Der dreischiffige Säulenbau mit überaus kunstvollen Steinmetzverzierungen und schönem Bronzeportal liegt einzigartig über dem Meer. Direkt am Wasser steht auch das *Stauferkastell (Mi–Mo 8.30–19.30, Di 12.30–20 Uhr).* An der lebhaften Uferpromenade isst man auf der Terrasse des *Le Lampare al Fortino (Via Tiepolo/Molo Sant'Antonio | Tel. 08 83 48 03 08 | So-Abend und Di geschl. | €€€)* leckere Fischgerichte (reservieren!). J3

25 RUVO DI PUGLIA

35 km westlich von Bari/35 Min. über die SS 96 und SP 231

In Ruvo, das auch berühmt ist für sein Olivenöl, schaust du dir am besten die prächtig ausgestattete staufische *Kathedrale* aus dem 13. Jh. inmitten der attraktiven Altstadt an sowie das interessante *Museo Nazionale Jatta (Piazza Bovio 35 | Mo–Fr 8.30–13.30, Sa 14.30–19.30, 1. und 3. So des Monats 8.30–13.30 Uhr | palazzojatta.org | 1 Std.)* mit einer außergewöhnlichen Sammlung von erstaunlich gut erhaltenen italogriechischen Vasen. Zur Einkehr empfiehlt sich das Restaurant *U.P.E.P.I.D.D.E. (Vico Sant'Agnese 2 | Tel. 08 03 61 38 79 | Mo geschl. | upepidde.it | €–€€).* J3

26 CASTEL DEL MONTE ★

55 km westlich von Bari/50 Min. über die SS 96 und SP 231

Schon von Weitem sieht man die „Krone Apuliens", die achteckige Burg mit acht Türmen, acht Innenräumen, achteckigem Innenhof, auf einer Anhöhe über den Murge. Einst war das heute spartanische Kastell reich mit Marmor und byzantinischen Mosaiken verziert. Zwischen 1240 und 1250 erbaut, diente es Stauferkaiser Friedrich II. in der damals noch dicht bewaldeten Gegend als Jagdschloss. Esoterisch-geheimnisvoll mutet der eigenartige Bau an, der zum Welterbe der Unesco zählt. *April–Sept. tgl. 10.15–19.45, Okt.–März 9–18.30 Uhr | 1¾ Std.* | J3

27 TARENT (TARANTO)

85 km südlich von Bari/1 Std. 10 Min. über die SS 100 und SS 7

Wer sich der Stadt (200 000 Ew.) am Ionischen Meer nähert, muss zunächst einmal den grauenhaft rußigen Industriegürtel der Stahlfabriken durchdringen. Wer nach Spuren von Taras sucht – vor 2500 Jahren eine reiche und hoch entwickelte Handelsstadt der Magna Graecia –, der ist richtig im hervorragend ausgestatteten *Museo Archeologico Nazionale (Via Cavour 10 | Di–Sa 8.30–19.30, So 9–13 und 15.30–19.30 Uhr | museotaranto.*

org | ⏲ *1½ Std.)*. Der Clou sind hier die antiken Gold- und Silberschätze. Die Altstadt mit *Burg* und einem *Barockdom* romanischen Ursprungs liegt auf einer über zwei Brücken zu erreichenden Insel in der Lagune Mare Piccolo.

Richtig lecker und supergünstig ist das einfache Fischlokal *Mena Mena Mè (Via di Mezzo 114 | Tel. 38 89 27 75 10 | Mai–Sept. Mo geschl. | €)* in der Altstadt, das nur lokalen Fisch und Meeresfrüchte auftischt. *K4*

28 ALBEROBELLO ★

55 km südöstlich von Bari/55 Min. über die SS 100 und SS 172

Trulli, mit Trockenmauern rund gebaut, sind weiß, haben charakteristische dunkle Kegeldächer und stehen unter Unesco-Welterbeschutz. Etwa 1500 dieser einzigartigen Hirten- und Bauernhäuser stehen noch im Herzen Apuliens zwischen Olivenhainen, Mandelbäumen und Weinreben: In der weiten Senke des Itriatals zwischen den Hügeln der Murge bilden sie in Alberobello (11 000 Ew.) eine regelrechte Stadt. Mitten im Touristenrummel Alberobellos ist *La Cantina (Vico Lippolis 8/Corso Vittorio Emanuele | Tel. 08 04 32 34 73 | Di geschl. | €)* ein hervorragendes Lokal mit ortstypischer Küche. Probier hier unbedingt die hervorragenden *Orecchiette*-Nudeln! *K3*

29 MARTINA FRANCA

70 km südöstlich von Bari/1¼ Std. über Alberobello

In der Nähe, über der Talsenke des Itria, erhebt sich das charmante Barockstädtchen (49 000 Ew.), wo im Sommer renommierte Musikfestspie-

Acht Ecken, acht Türme und acht Innenräume: Castel del Monte

le stattfinden. Der Ort eignet sich gut als Basis für Ausflüge: zum Keramikzentrum *Grottaglie*, zu in weiß gekalkten Städtchen mit orientalischem Flair wie dem runden *Locorotondo*, nach *Cisternino, Ceglie Messapica* und *Ostuni*, wo ein Aperitif mit Panoramablick in der Loungebar *Mela Bacata (Via Scipione Petrarolo 15/17)* zu empfehlen ist.

Auch die mittelalterlichen ausgemalten Grottenkirchen griechischer Mönche im Karst der Murge zwischen Massafra, Mottola und Matera sind nicht weit. Eine großartige Tropfsteinhöhle, ein Labyrinth aus Alabaster, liegt bei *Castellana Grotte:* die *Grotte di Castellana (stark gestaffelte Zeiten s. Website | grottedicastellana.it);* im Sommer finden auch Theateraufführungen in der Höhle statt. K3

30 KÜSTE

55 km bis Egnazia südöstlich von Bari/45 Min. über die SS 16

Entlang der Küste von Bari nach Brindisi triffst du auf zahlreiche besuchenswerte Städtchen wie den malerischen Fischereihafen *Mola di Bari* oder das kühn auf einem Felsen über dem Meer liegende *Polignano a Mare*, das auch ein paar wenige Sandbuchten hat. Dann folgt die Hafenstadt *Monopoli* mit *Kastell* und schönen Kirchen und 10 km südlich die sehenswerte *Ausgrabungsstätte von Egnazia (Kernzeit tgl. 8.30–16.30 Uhr, April–Okt. länger | 1 Std.),* mit den Resten einer Stadt der Messapier, eines antiken apulischen Volksstamms. Interessant ist auch das dazugehörige *Nationalmuseum (tgl. 8.30–19 Uhr).* K3

INSIDER-TIPP
Alt, älter, am ältesten

31 SAFARIPARK ZOOSAFARI

60 km südöstlich von Bari/45 Min. über die SS 16

Bei Fasano tummeln sich exotische Tiere aus fünf Kontinenten zwischen uralten Olivenbäumen in Italiens größtem Safaripark. Du fährst mit dem eigenen Auto oder mit Minibussen durch das Freigelände, auf dem du

ROTWEIN HINTERM OHR

Heiligen und Schutzpatronen begegnest du im Süden Italiens am laufenden Band, Reliquien werden inbrünstig verehrt. Genauso wichtig sind im Leben der Einheimischen jedoch auch die Objekte und Gesten, die Unheil abwehren sollen. Dabei ist diese Geste ganz besonders wichtig: Zeigefinger und kleinen Finger ausstrecken und mit einer forschen Handbewegung das Unheil damit nach unten ableiten. Ideal ist natürlich ein goldenes oder, besser noch, ein rotes Hörnchen: Das schützt vor dem bösen Blick. Hüte dürfen übrigens nie aufs Bett gelegt werden, Regenschirme auf keinen Fall in der Wohnung aufgespannt (akuter Geldverlust!). Glück dagegen bringt es, wenn sich derjenige, der versehentlich ein Glas Rotwein umkippt, ein paar Tropfen davon hinters Ohr tupft.

Lecce ist barock: Fassaden der Basilica di Santa Croce und an der Piazza del Duomo

auch ein Delphinarium und einen Freizeitpark findest. *Via dello Zoosafari | April–Sept. tgl. 9.30–15, Okt.–März 10–14 Uhr | zoosafari.it | 3 Std. | K3*

SALENTO

(*L4*) Das lebhafte Kulturzentrum Lecce strahlt auf den ganzen Salento aus, die Absatzspitze des italienischen Stiefels zwischen der Adria und dem Ionischen Meer voller Gemüse- und Tabakfelder, Weingärten und Olivenhaine. Der Salento ist seit Jahren eine der angesagtesten Sommerlocations Süditaliens. Hier trifft sich die italienische „Apulienfraktion" zu anspruchsvollen Kulturevents in Otranto, in den vielen guten Trattorien, zum Sundowner auf den Festungsmauern von Gallipoli und zu den Beachpartys südlich und nördlich des Orts.

INSIDER-TIPP
Sommer, Sonne, superschön

Unter den im Land verstreut liegenden flachen, weißen Landarbeiterdörfern hat in einigen die griechische Sprache bis in die heutige Zeit überlebt. Und überall stößt man auf die *masserie,* einst gegen Piraten und Briganten befestigte Gutshöfe, die heute oft als Gasthäuser oder malerische Ferienhotels einladen.

INSIDER-TIPP
Historische Landarchitektur

ZIELE IM SALENTO

32 LECCE

Lecce (95 000 Ew.) ist der urbane Mittelpunkt des Salento. Hier blüht der aus der spanischen Herrschaft über Süditalien stammende Barock. Lecce glänzt mit seinen üppig verschnörkelten ★ *Barockfassaden* von Palazzi und Kirchen in honiggelbem Tuffstein, der im Umland abgebaut wird und bis heute ein wertvolles Exportgut darstellt.

Das renommierteste Beispiel des Barockstils von Lecce ist neben der *Kathedrale* an der Piazza del Duomo die Fassade der *Basilica di Santa Croce:* Sehr phantasiereich gestaltete Giuseppe Zimbalo, einst einer der wichtigsten Barocksteinmetzen der Stadt, seine Allegorien mit Engeln, Untieren und Fabelwesen. Vor dem im 16. Jh. erbauten, trapezförmigen *Kastell Carlo V (Mo–Fr 9–13.30, Di und Do auch 15–17.30 Uhr, 24. Dez.–6. Jan. und 3 Wochen im Aug. geschl. | 1 Std.)* findet täglich ein großer Markt statt.

Die typische Bauernküche des Salento bringt die charmante Wirtin Carmela Perrone in der *Trattoria Le Zie (Via Archimede Costadura 19 | Tel. 08 32 24 51 78 | So-Abend und Mo geschl. | €€)* auf den Tisch. Wer hier essen möchte, muss an der Tür klingeln – und unbedingt reservieren! Ein quirliger, stimmungsvoller Treffpunkt in der Altstadt für einen eleganten Aperitif in der Loungebar oder ein Essen im Restaurant des Philosophen und Barmanns Davide De Matteis ist das *300mila (Via 140° Reggimento Fanteria 11 | Tel. 08 32 27 99 90 | tgl. | 300mila.com | €€)*. Zu Drinks, Sushi und internationaler Küche gibt es zeitgenössische Kunst und interessante Bargespräche. Das beste Eis, aber auch eine große Auswahl an hausgemachten Pralinen sowie Leckereien aus der Konditorei bekommst du bei *Natale (Via Trinchese 7 | tgl. | natalepasticceria.com)*. L4

33 DAS LANDESINNERE

Im Landesinneren lohnen die barocken Städte *Nardò* und *Galatina* einen Besuch. In den wunderschönen, weiten Olivenhainen breiten sich im Frühsommer Teppiche aus rotem Klatschmohn aus. Und über allem liegt der Sound des Salento, der *tamburello*-Rhythmus zum *pizzica-taranta*-Tanz, der an den Sommerabenden die Plätze der sonst verschlafenen Landdörfer belebt. Zur *Notte della Taranta (lanottedellataranta.it)* Ende August treffen sich fast eine halbe Million junge Leute aus ganz Italien im Dorf *Melpignano* zum Musik-Erleben und Tanzen. Bei diesem größten Festival traditioneller Musik in Europa machen inzwischen zahlreiche Ortschaften im Salento mit. L4

34 GALLIPOLI

Die verwinkelte, weiße, mit Barockpalästen durchsetzte und nach Basilikum

Abends in Gallipoli: Das Licht stimmt, da schmeckt es gleich noch mal so gut

und Tomaten duftende Altstadt auf einer Insel im Ionischen Meer – rundherum eine Panoramastraße – verbindet mit der Neustadt am Ufer eine Brücke. Schon die Griechen nannten sie Kalys Polis, die schöne Stadt. L4

35 OTRANTO

Diese am weitesten gen Orient vorgeschobene Stadt Italiens (5700 Ew.), eine griechische Gründung, gilt nicht nur unter den Italienern selbst als attraktiver Ferienort. Dazu tragen die weiße, lebhafte Altstadt bei, ein sauberes Meer (nördlich von Otranto die *Baia dei Turchi* mit blau leuchtendem Wasser), eine aufregende Küste voller Grotten (im Süden *Grotta dei Cervi, Grotta Zinzulusa, Grotta Romanelli*) und eine Vielzahl an Feriendomizilen. Größter Trumpf der Stadt ist aber der ★ *Mosaikfußboden des Doms:* ein fast 1600 m² großer Bilderbogen mit mythologischen Fabelwesen, rätselhafter Symbolik und biblischen Geschichten, angeordnet um einen beeindruckenden Lebensbaum herum. Geschaffen haben soll ihn einer Legende zufolge der griechische Mönch Pantaleone zwischen 1163 und 1166 aus der unvorstellbaren Menge von rund 10 Mio. farbigen Steinchen.

6 km von Otranto entfernt kannst du bei Uggiano La Chiesa in der *Masseria Gattamora (Via Campo Sportivo 33 | Tel. 08 36 81 79 36 | Mo geschl. | gattamora.it | €€)* sehr gut essen und zuvor vielleicht im Pool baden. L4

36 CAPO SANTA MARIA DI LEUCA

Eine herrliche Panoramafahrt führt über das für sein Thermalwasser berühmte und beliebte *Santa Cesarea Terme* zum Südzipfel Apuliens nach Capo Santa Maria di Leuca mit der Wallfahrtskirche *Santa Maria di Finibus Terrae* – Ende der Welt genannt, weil hier der Stiefelabsatz aufhört. L4

NEAPEL & KAMPANIEN

ZIEMLICH ANTIK UND AUFREGEND ATTRAKTIV

Die Welt kommt mit Vorliebe nach Kampanien, um den Vesuv, die antiken Städte Pompeji und Herculaneum, die Tempel in Paestum sowie Capri und die Amalfiküste zu besuchen. Zu bieten hat die Region aber noch sehr viel mehr.

Das Zentrum bildet die immer wieder aufs Neue faszinierende Stadt Neapel, wo das Leben in den Gassen pulsiert. Positive Schlagzeilen übertönen seit einigen Jahren die alten Probleme mit dem Müll und der Camorra, die natürlich weiterhin präsent sind.

Sehnsuchtsmotiv seit Jahrhunderten: Blick über Neapel und den Golf auf den Vesuv

Mit 424 Einwohnern pro Quadratkilometer ist Kampanien die am dichtesten besiedelte Region Italiens. Landschaftlich besonders reizvoll ist sie, weil die Natur viele attraktive Aspekte aufbieten kann: Da sind die traumhaft schönen Küsten, im Cilento überraschen Wälder und weite Berglandschaften, auf der Vulkaninsel Ischia sprudeln Thermalquellen. Und kulinarisch ist Kampanien eh in aller Munde: Spaghetti mit Tomatensauce und die Pizza sind weltweit Kult. Der MARCO POLO Reiseführer „Golf von Neapel" berichtet ausführlich.

NEAPEL & KAMPANIEN

MARCO POLO HIGHLIGHTS

★ CAPPELLA SANSEVERO
Einzigartiges Privatmuseum: Die Marmorskulptur „Der Verhüllte Christus" von Giuseppe Sammartino ist ebenso bekannt wie sehenswert ➤ S. 85

★ MUSEO ARCHEOLOGICO NAZIONALE IN NEAPEL
Einmalige Kunstschätze: Hier sind die Fresken und Mosaiken aus Pompeji und Herculaneum zu sehen ➤ S. 88

★ CILENTO
Der südliche Teil von Kampanien gilt als das ursprüngliche Italien. Die Küste ist ebenso ein Erlebnis wie das hügelige Landesinnere ➤ S. 100

★ CAPRI
Inselparadies vor dem Golf von Neapel
➤ S. 92

★ AMALFIKÜSTE
Positano, Amalfi, Ravello: mediterrane Traumstädtchen an Felsen – Süditaliens schönste Küste ➤ S. 98

★ POMPEJI
Eine riesige, intakte Römerstadt, über Jahrhunderte unter Lavagestein begraben
➤ S. 96

★ PAESTUM
Eine einmalig erhaltene Tempelanlage aus der Griechenzeit ➤ S. 100

90bis
PUGLIA
Calore
Ariano Irpino
8 Benevento
E842
A16
San Giorgio del Sannio
Montesarchio
Sabato
Avellino
A16
Lago di Conza
Ofanto
Calore
E841
120 km, 1 Std. 40 Min.
Fisciano
Nocera Inferiore
100 km, 1 ½ Std.
55 km, 50 Min.
Giffoni Valle Piana
15 Salerno
Campagna
14 Amalfiküste (Costiera Amalfitana)
A3
E45
407
Battipaglia
CAMPANIA
Sele
Golfo di Salerno
Calore
16 Paestum
Agropoli
17 Cilento
Mar Tirreno
18
Vallo della Lucania
Cala d'Arconte
Punta degli Infreschi

NEAPEL (NAPOLI)

(🕮 G3) **Vergiss am besten erst mal alles, was du je über Neapel gehört hast – willkommen in der lebendigsten Stadt Italiens! Natürlich ist der Verkehr chaotisch, sind die Straßen verstopft und siehst du zeitweise auch Müll rumliegen. Aber du wirst ihn vielleicht gar nicht wahrnehmen, denn Neapels Bauten ziehen überall in den Bann.**

Seit der Antike ist die von den Griechen gegründete „neue Stadt", die *nea polis,* aufgrund ihrer geografisch und klimatisch begünstigten Lage immer wieder ein Hotspot in der europäischen Kulturgeschichte gewesen. Die Römer liebten das Klima, im 18. Jh. nannte man Neapel in einem Atemzug mit Paris, Madrid und Wien. Die älteste Oper der Welt (1737) und die erste Zugverbindung (Neapel–Portici, 1839) zeugen davon. Seit dem 19. Jh. mischt auch die Camorra mit, wie die Mafia in Neapel heißt; doch keine Angst, für Touristen bleibt sie unsichtbar.

Neapel ist eine Stadt der 1000 Gesichter: Die berühmten, quer über die Straße gespannten Wäscheleinen und mehrere der aktuellen Wandmalereien, der *murales,* findest du in den dunklen Gassen der Spanischen Viertel. Im Viertel Sanità erlebst du lautes Volk, barocke Innenhöfe und beeindruckende Katakomben. Ein kleines Paradies ist dagegen das elegante Posillipo mit seinen Traumvillen und den wunderschönen Ausblicken über Palmengärten aufs Meer. Hier und in Marechiaro mit seinen Ausflugsrestaurants finden sich auch ein paar wenige Badeanstalten. Im Viertel Mergellina am Wasser bieten Fischer ihren Fang an.

Die Altstadt mit ihren rund 300 Kirchen, zahllosen Palazzi, Burgen und Klöstern ist das Herz der Stadt. Alles dreht sich um die berühmten Straßenachsen Spaccanapoli und Via Tribunali, hier konzentrieren sich das Leben und die Kunst. Einmalig ist ein Besuch in der Unterwelt, ein unterirdisches Gassenlabyrinth, einst entstanden, um Tuffstein zu gewinnen. Drei Standseilbahnen und 200 Treppengassen bringen dich hinauf auf den modernen Vomero, ein schickes Geschäfts- und Wohnviertel, das jedoch nichts Neapeltypisches mehr hat. Hier oben liegt auch die Klosteranlage San Martino:

WOHIN ZUERST?

Neapels Altstadt ist vorwiegend Fußgängerzone. Du erkundest sie am besten von der **Piazza del Gesù Nuovo** *(🕮 d3)* aus. Vom Hauptbahnhof nimmst du den Bus R2 bis zur Piazza Giovanni Bovio. Über die Via Guglielmo Sanfelice und die Via Monteoliveto (rechts) erreichst du sie in wenigen Minuten. Wer mit dem Auto anreist, parkt entweder beim Hauptbahnhof im Parkhaus Brin *(Via Volta/Via Brin)* oder am Hafen Molo Beverello im Parcheggio Buono *(parcheggiobeverello.com).*

Sonne und eine leichte Meeresbrise: So geht Wäschetrocknen in Neapels Altstadtgassen

Der Ausblick auf das Häusermeer Neapels ist gigantisch.
Hippe Architektur verleiht der Stadt aber auch ein hochmodernes Gesicht: Vom Flughafen kommend, siehst du im Osten Kenzo Tanges gläserne Hochhäuser in den Himmel ragen. Preisgekrönt und attraktiv sind die neuen Kunstbahnhöfe der Metrolinie 1, die *Stazioni dell'Arte*. Damit hat Neapel sich mal wieder neu erfunden.

SIGHTSEEING

CAPPELLA SANSEVERO ★

In dieser bezaubernden Rokokokirche sind kostbare Skulpturen ausgestellt, vor allem der „Verschleierte Christus" von Giuseppe Sammartino. Außerdem nebenan in der ehemaligen Alchimistenküche des adligen Hausherrn Raimondo Di Sangro ein mehr als 200 Jahre altes, makabres Experiment: die angebliche Versteinerung von Blutgefäßen, zu sehen an einem weiblichen und einem männlichen Skelett. Dieses Privatmuseum ist eine der angesagtesten Sehenswürdigkeiten mit stets langer Warteschlange, deshalb unbedingt Tickets vorab online bestellen! *Via de Sanctis 19 | Mi–So 9–19, April–Dez. Sa bis 20.30 Uhr | museosansevero.it | 30 Min. | d3*

NAPOLI SOTTERRANEA

Neapels Unterwelt ist einmalig: Seit der Antike wurde der leichte Tuffstein bis in eine Tiefe von ca. 40 m abgetragen und oben zum Bau der bis zu sieben Stockwerke hohen Gebäude ver-

INSIDER-TIPP
Dunkel und geheimnisvoll

wendet. Das unterirdische Höhlenlabyrinth wurde vielfach genutzt: für die Trinkwasserversorgung der Stadt, als Luftschutzkeller im Zweiten Weltkrieg und von der Camorra u. a. als Waffenversteck. *Piazza San Gaetano | tgl. 10–18 Uhr zur vollen Std., Führungen auf Englisch 10, 12, 14, 16, 18 Uhr, auf Deutsch auf Anfrage | napolisotterranea.org | e3*

DUOMO SAN GENNARO

Im über die Jahrhunderte immer wieder umgestalteten französisch-gotischen Dom befindet sich die Kapelle mit den Reliquien des hl. Januarius, Schutzpatron von Neapel. Sein Blut verflüssigt sich dreimal im Jahr, im Mai, im September und im Dezember, unter den inbrünstigen Gebeten der Neapolitaner. Tut es das ausnahmsweise mal nicht, droht Unheil – etwa ein Erdbeben oder aber ein Abstieg des SSC Neapel. Vor allem am 19. September feiert Neapel danach in der Altstadt mit einer Art Volksfest. Sehenswert ist das benachbarte *San-Gennaro-Museum (Mo–Fr 9–16.30, Sa/So 9–17.30 Uhr | museosangennaro.it | 30 Min.). Via Duomo | e3*

OSPEDALE DELLE BAMBOLE

Etwas fürs Gemüt ist der Besuch in der renommierten, seit drei Generationen bestehenden Puppen- und Antiquitätenwerkstatt: ein zauberhaftes kleines Museum, das alle in seinen Bann zieht, ob jung oder älter, ob Mann, Frau oder Kind. *Via San Biagio dei Librai 39 | Mo–Fr 10–17, Sa/So 10–14 Uhr | ospedaledellebambole.com | e3*

CASTEL NUOVO

Die Residenz der neapolitanischen Könige nahe dem Hafen Stazione Marittima wird auch *Maschio Angioino* genannt. Im 13. Jh. erbaute Karl I. von Anjou die Burg, im 15. Jh. verlieh ihr Alfons I. von Aragón ihre heutige Gestalt mit dem grandiosen Renaissancebogen als Eingang. Sehenswert ist eine Ausgrabung, die die Ausbrüche des Vesuvs anhand von Ablagerungen dokumentiert. *Piazza Municipio | Mo–Sa 8.30–18 Uhr | 1 Std. | d5*

PALAZZO REALE

Der große Stadtpalast an der klassizistischen *Piazza del Plebiscito* war bis 1860 Regierungssitz der Bourbonen. Zu besichtigen sind das eindrucksvolle Treppenhaus und die prächtigen Gemächer. Der nördliche Seitenflügel beherbergt die sehenswerte Nationalbibliothek. *Do–Di 9–19 Uhr | 1 Std. | d5*

TEATRO SAN CARLO

Berühmter Tempel des Melodramas, das älteste, heute noch bespielte Theater Europas (18. Jh.), zweimal zerstört und wieder aufgebaut. *Neben dem Palazzo Reale | Besichtigung tgl. 10.30–17, für Führungen, z. T. auch auf Engl., anmelden unter Tel. 08 17 97 24 12 bzw. visiteguidate@teatrosancarlo.it; Opernmuseum Mi geschl. | teatrosancarlo.it | 1 Std. | d5*

CASTEL DELL'OVO

Burg des Eis: Der Legende nach soll Vergil ein Ei in die Mauern des Kastells eingebaut haben, begleitet vom Orakel, dass Neapel so lange bestehen werde, wie dieses Ei unversehrt bleibe. Die Festung (heute Museum mit Kunstausstellungen) entstand im Mittelalter auf der kleinen Felsinsel vor dem Pier Santa Lucia. *Kastell Mo–Sa 9–18, So 9–13 Uhr | 1 Std. | d6*

GALLERIA BORBONICA

Der einstige Fluchtweg des neapolitanischen Königs aus der Stadt zeigt in unterirdischen Stollen auch Motorräder und Autos aus den 1930er-Jahren, die dort während des Kriegs abgestellt worden sind. Führungen mit Abenteuercharakter! *Via Domenico Morelli 61 | Fr–So 10, 12, 15 und 17 Uhr | galleriaborbonica.com | c5*

CASTEL SANT'ELMO & CERTOSA DI SAN MARTINO

Die sternförmige Wehranlage *Castel Sant'Elmo* von 1329 erhebt sich am Ostrand des Vomerohügels. In einem Saal befindet sich das *Museo del Novecento,* das die neapolitanische Kunst des 20. Jhs. in Neapel dokumentiert und Wechselausstellungen zeigt. Ihm vorgelagert ist das große Kartäuserkloster *Certosa di San Martino* aus derselben Zeit, aber im 17. Jh. barockisiert.

Beide liegen in wunderschönen Gärten mit hinreißenden Ausblicken auf die Stadt und über den Golf. Die Kartause ist heute Sitz des Stadtmuseums mit sehenswerter *Krippensammlung:* Die typisch neapolitanischen Weihnachtskrippen nehmen die Geburt Jesu als Anlass, um das bunte Gassentreiben in der Stadt darzustellen. *Kastell Do–Di 8.30–19.30, Museo del Novecento und Kartause 8.30–17 Uhr | 2½ Std. | c4*

Das erste Opernhaus der Welt ist noch bestens in Schuss: Teatro San Carlo

MUSEO ARCHEOLOGICO NAZIONALE ★

Eine der bedeutendsten Altertumssammlungen der Welt mit kostbaren Skulpturen der Antike, Wandmalereien und Mosaiken aus Pompeji und Herculaneum. Teil der Sammlung ist das berühmte Mosaik „Alexanderschlacht", das als Sieg des griechischen Abendlands über das persische Morgenland verstanden wird. Besonderer Tipp: das Geheimkabinett. Hier wird eine Sammlung mit erotischen Gegenständen aus Pompeji und Herculaneum gezeigt. Zu Goethes Zeiten befand sich ein großer Teil dieser Sammlung

INSIDER-TIPP
Antike Pin-ups!

im Besitz des Königs und durfte nur „reifen Männern, die eine erwiesene Moral besitzen", gezeigt werden. *Piazza Museo | Mi–Mo 9–19.30 Uhr | ⏲ 2 Std. | 🕮 d2–3*

MUSEO E REAL BOSCO DI CAPODIMONTE

Der prächtige, restaurierte Königspalast Capodimonte in großem Park beherbergt die reichen Kunstsammlungen der verschiedenen Herrscher Neapels, darunter auch die wertvolle Sammlung Farnese aus Rom, die aus Capodimonte eines der wichtigsten Kunstmuseen der Welt gemacht hat. Sehenswert ist ein Salon ganz aus Porzellan, ein Werk der einst legendären Porzellanmanufaktur von Capodimonte. Im gepflegten *Park* mit phantastischem Blick auf die Stadt tummeln sich sonntags neapolitanische Familien und Jugendliche. *Via Miano 2 | Museum Do–Di 8.30–19.30 Uhr, Park (Haupttor) tgl. 7–20 Uhr | kostenpflichtiger Shuttlebus ab Piazza Trieste e Trento/Teatro San Carlo 9.15–18.15 Uhr stdl. | museocapodimonte.beniculturali.it | ⏲ 2½ Std. | 🕮 d1*

KIRCHEN UND AUSGRABUNGEN

Gotisches Mittelalter oder festlicher Barock aus kunstvollen Marmorintarsien und Stuckdekor kennzeichnet die vielen Kirchen in der Altstadt: Gotik, Barock und Neugotik mischen sich in *San Domenico Maggiore (Piazza San Domenico | 🕮 d3)*; von der Barockisierung hat man in *San Lorenzo Maggiore (Piazza San Gaetano | 🕮 e3)* viel wieder in die ursprüngliche Gotik zurückrestauriert. Viel spannender als dieses in Neapel seltene Zeugnis gotischer Architektur sind jedoch die jüngeren *Ausgrabungen* eines römischen Marktviertels unter der Kirche *(tgl. 9.30–17.30 Uhr)*. Rund zwei Dutzend Stufen geht es hinunter und du bist in der Römerzeit angekommen! Prächtige Barockkirchen sind *Gesù Nuovo (Piazza del Gesù | 🕮 d3)* und *San Paolo Maggiore (Piazza San Gaetano | 🕮 e3)*; Letztere ist über eine schwungvolle Doppeltreppe zu erklimmen. Wie viele andere Kirchen in Neapel wurde sie an der Stelle eines griechischen Tempels errichtet: Hier stand einst der Dioskurentempel, die beiden korinthischen Säulen am Eingang zeugen davon. Besonders sehenswert ist die *Sakristei*, die vom spätbarocken Meister Francesco Solimena mit den oft nicht sehr tugendhaft wirkenden Tugenden bemalt wurde. Die eindrucksvolle Kirche *Santa Chiara (🕮 d3)*, 1943 bei Bombenangriffen beschädigt, ist im ursprünglichen, französisch-gotischen Stil restauriert worden. Zur Kirche gehören ein *Museum* mit einer beispielhaft schönen neapolitanischen Krippe aus dem 18. Jh., vor allem aber der *Convento dei Minori (Via Benedetto Croce | Mo–Sa 9.30–17.30, So 9.30–14 Uhr)* mit einem hinreißenden Kreuzgang aus bunten Majolikalauben – eine willkommene Ruheoase im Stadtgetümmel.

INSIDER-TIPP
Hinab in die Römerzeit

INSIDER-TIPP
Verborgenes Kunstjuwel

STAZIONI DELL'ARTE

Elf Metrostationen der Linie 1 in der Innenstadt sind Kunstbahnhöfe und

Tempel internationaler Kunst der Gegenwart: Weltweit renommierte Künstler wie William Kentridge, Janis Kounellis und Oliviero Toscani haben sie gestaltet, am spektakulärsten ist

An der Piazza del Plebiscito warten Kirchen zum Beichten und Cafés zum Sündigen

sicher die vielfach mit Preisen ausgezeichnete Station Toledo.

ZAHNRADBAHNEN (FUNICOLARI)

Drei Zahnradbahnen führen in wenigen Minuten in die höher gelegenen Stadtteile: die Funicolare Centrale *Via Toledo–Piazza Fuga*, die Funicolare di Chiaia *Via Parco Margherita–Via Cimarosa* und die Funicolare di Montesanto *Piazza Montesanto–Via Morghen*. Schöne Aussichten hast du auf der Fahrt mit der Funicolare di Mergellina *Via Mergellina–Via Manzoni*.

STADTRUNDFAHRTEN ☂

Ein roter Doppeldeckerbus fährt auf zwei verschiedenen Strecken zu den wichtigsten Sehenswürdigkeiten der Stadt. Mit dem 24-Stunden-Ticket *(23 Euro)* stoppst du nach dem Hop-on-hop-off-Prinzip an den Stationen deiner Wahl. *city-sightseeing.it*

ESSEN & TRINKEN

TRATTORIA DA GIOVANNI

Mamma Elvira bewirtet, *papà* Raffaele bereitet die Vorspeisen zu und Sohn Giovanni zaubert herrliche Fischgerichte nach neapolitanischen Rezepten. Beim alten Fischmarkt, gleich neben der Porta Nolana im bunten Bahnhofsviertel

INSIDER-TIPP
Phantastisch frischer Fisch

gelegen – ideal für den Mittagstisch, abends ist die Gegend eher zu meiden. *Via Sopramuro 9 | Tel. 0 81 26 83 20 | So geschl. | €–€€ | ◫ f3*

PIZZERIA PISCOPO ⚑

Wo die Neapolitaner einkehren, schmecken die Pizzen besonders gut: Probier bei Enzo im berüchtigten Forcellaviertel in der Altstadt nicht nur die klassische Margherita, sondern unbedingt eine mit Ricotta gefüllte Calzone oder die leckeren frittierten Zucchiniblüten. *Via Vicaria Vecchia 9 | Tel. 08 15 53 84 54 | So geschl. | € | ◫ e3*

TRATTORIA DA CARMINE

Tochter Adele führt die Familientradition weiter und bewirtet mit typisch neapolitanischer Hausmannskost zu moderaten Preisen. Frag unbedingt nach dem Tagesgericht! *Via Tribunali 330 | Tel. 0 81 29 43 83 | Mo geschl. | €–€€ | ◫ e3*

MAME OSTRICHINA

Neapolitanische Küche genießen und kein Gramm zunehmen: Das geht mit dieser Low-Carb-Gourmetküche nur mit ausgesuchten regionalen Zutaten in einem eleganten Ambiente, dazu faires Preisniveau. Reservieren! *So geschl. | Via Carlo de Cesare 52 | Tel. 0 81 18 16 58 38 | Facebook | €€–€€€ | ◫ d5*

TRANSATLANTICO

Modernes Restaurant in Familienbesitz in traumhafter Lage: am Fuß des im Wasser gelegenen Castel dell'Ovo mit Blick auf den Vesuv und den Golf. Hier schmecken vor allem die Fischgerichte vorzüglich. *Via Luculliana 15 | Tel. 08 17 64 88 42 | Di geschl. | transatlanticonapoli.com | €€ | ◫ d6*

CAFÉS

Ein Muss ist das historische *Gran Caffè Gambrinus (◫ d5)* an der *Piazza Trieste e Trento,* das im Wiener Kaffeehausstil auch zum Sitzen einlädt. Hier gibt es die beste ⚑ *sfogliatella,* ein knuspriges, mit Ricotta gefülltes, typisch neapolitanisches Blätterteiggebäck. Die in Pastell gezeichneten Wandbilder im großen Saal stammen von den wichtigsten Vertretern der renommierten Schule von Posillipo. Theateratmosphäre bietet am selben Platz das unter der Oper gelegene *Scaturchio Opera Caffè.* Immer in ist das elegante *La Caffettiera (◫ c5)* an der *Piazza dei Martiri.*

SHOPPEN

Edelste Gegend für Mode, Accessoires und Schmuck ist das Chiaiaviertel um die *Piazza dei Martiri (◫ c5): Via Calabritto, Via Gaetano Filangieri, Via dei Mille.* In den Seitengassen liegen zahlreiche kleine Boutiquen. Mainstreammode gibt es in der *Via Chiaia* und (vor allem jüngere Mode) in der *Via Toledo (◫ d4–5)* sowie am *Corso Umberto I (◫ e3–4).* Exklusive Antiquitäten findest du in der und um die *Via Domenico Morelli (◫ c5).* Unter den vielen originellen Kunsthandwerksgeschäften in der Altstadt ist u. a. *Ferrigno (◫ e3)* hervorzuheben mit seinen Krippen und Krippenfiguren in der *Via Gregorio Armeno 8;* im Dezember verwandelt sich sogar die gesamte Straße in einen quirligen Krippenmarkt. Echten Büffelmozzarella bekommst du in der *Bar Augustus (Via Toledo 147 | ◫ d4)*. Und überall stößt man auf Straßenmärkte, u. a. in *Antignano (◫ a-b3)* auf dem Vomerohügel oder an der *Porta Nolana (◫ f3)*, dem alten Fischmarkt beim Hauptbahnhof.

AUSGEHEN & FEIERN

Neapel hat eine lebhafte Musikszene. Es gibt viele Kneipen mit Livemusik. Abendliche Treffpunkte sind die Cafés an der umtriebigen *Piazza Bellini (◫ d3)* in der Altstadt und im *Borgo Marinari* am Fuß des *Castel dell'Ovo (◫ d6)*, die Eispavillons am *Lungomare von Mergellina (◫ a6)* oder an der *Riviera di Chiaia (◫ b-c5)*. Opernabende erlebst du im wunderschönen *Teatro San Carlo (teatrosancarlo.it | ◫ d5)*.

RUND UM NEAPEL

1 CAPRI ★

50 Min.–1½ Std. mit der Fähre von Neapel

Den Mythos verdankt die nur 10 km² große Insel deutschen Reisenden: Der Maler August Kopisch besichtigte 1826 die Blaue Grotte und begeisterte viele seiner Malerfreunde für das besondere Licht. Der Komponist Gerhard Winkler löste mit dem Lied „Caprifischer" nach dem Zweiten Weltkrieg eine weitere Caprisehnsucht aus. Heute ist die Insel vor allem ein Reiseziel für den internationalen Jetset. Zu sehen sind eine mediterrane Bilderbuchlandschaft, bizarre Gesteinsformationen – Wahrzeichen der Insel sind die *Faraglioni*, imposante Felsbrocken im Meer – und eine subtropische Vegetation. Bekannt war die Insel seit der Antike: Der römische Kaiser Tiberius lebte ab 27 n. Chr. bis kurz vor seinem Tod zehn Jahre später auf der Insel. Von der Ruine seiner auf 300 m gelegenen *Villa Jovis* bietet sich eine atemraubende Aussicht. Im Ort Anacapri lohnen sich der Besuch der *Villa San Michele* des schwedischen Arzts und Schriftstellers Axel Munthe mit ihrem herrlichen Terrassengarten und der Sonnenuntergang am Leuchtturm, dem *Faro*.

Neben Geschäften weltbekannter Labels findest du den Concept Store *Laboratorio (Via Ignazio Cerio 6 | Ort Capri | laboratoriocapri.it)*, wo der capresische Designer Michele Esposito Designobjekte von der Insel anbietet.

INSIDER-TIPP Cooler Capri-Style

Einen herrlichen Blick auf die Bucht *Marina Piccola* mit einem der zauberhaftesten Strände Süditaliens bietet das familiengeführte Restaurant *Terrazza Brunella (Ort Capri | Via Tragara 24 | Tel. 08 18 37 01 22 | Ostern–Sept. tgl. | villabrunella.it | €€–€€€)*. Im Campanile der zentralen Piazzetta versteckt liegt die *Wine Bar Pulalli (Piazza Umberto I 4 | Tel. 08 18 37 41 08 | Di geschl. | €€)* mit ausgezeichneter Weinkarte. ◫ G4

INSIDER-TIPP Capriwein mit Blick

Sehnsuchtsort Capri: Da möchte man Statue sein und jeden Tag auf die Faraglioni gucken

2 ISCHIA

1 Std. mit dem Schnellboot von Neapel

Ischia (64 000 Ew.), die größte der drei Inseln vor dem Golf von Neapel, ist vulkanischen Ursprungs und überzogen von dunkel glänzenden Orangen- und Zitronenhainen. Einst die erste Griechenkolonie Italiens (775 v. Chr.), ist die Insel heute weltbekannt für ihre Thermalquellen und Fangokuren in ansprechenden Hotelanlagen und paradiesischen Thermalgärten. Eine der bezauberndsten davon heißt *Giardini di Poseidon (Via delle Terme 15 | Mitte April–Sept. tgl. 9–19, Okt. 9–18.30 Uhr | giardiniposeidonterme.com)*. Kostenlos genießen kannst du die heißen Quellen in der *Sorgeto-Bucht* hinter Sant'Angelo. Der MARCO POLO Reiseführer „Ischia" berichtet ausführlich über die Insel. G3

3 PROCIDA

40 Min. mit dem Schnellboot von Neapel

Procida (10 000 Ew.), die kleinste Insel im Golf, kennen vor allem die Neapolitaner: in einer knappen Dreiviertelstunde zu erreichen, knapp 4 km lang, ganz aus zerfetztem Lavagestein, voller Zitrusplantagen und Weinberge und dicht mit Fischerhäusern besiedelt. Auf dem höchsten Punkt erheben sich eine *Festungsanlage* und eine sehenswerte *Abteikirche*. In der Hafenbucht Corricella tischt Maria auf, Procidas einzige Fischerin und eine begnadete Köchin. Wenn es regnet, bleibt die Küche kalt – aber das passiert selten: *Da Maria (Via Marina Corricella 36 | Tel. 33 88 13 01 39 | im Sommer tgl. | Facebook | €–€€)*. G3

INSIDER-TIPP
Fangfrisch vom Kutter

Schwefelgelb und kratergrau: die Solfatara bei Pozzuoli

der römische Markt, übrig geblieben. Dessen Säulen stehen halb im Wasser, Zeichen des *bradisismo,* eines kontinuierlichen Sichhebens und -senkens der Erde.

In der Tat hat das Meer die prächtigen Badevillen verschluckt, die sich die Römer einst hier an den Strand von *Baia* bauten; heute ist es ein Paradies für Unterwasserarchäologen. Angboten werden Bootstouren mit Blick auf Mosaikfußböden auf dem Meeresgrund und Tauchausflüge: *Cymba (Hafen von Baia | Ostern–Okt. Sa/So 12 und 15 Uhr, So auch 10 Uhr nach Anmeldung bis 48 Std. vorher | baiasommersa.it).*

Zu dieser geologischen Unruhe gehören auch die *Campi Flegrei,* die „brennenden Felder" im Hinterland von Pozzuoli mit der *Solfatara,* einer dampfenden und Schwefelschlamm spuckenden Kraterlandschaft, und dem düsteren Kratersee *Lago d'Averna.* Noch ursprünglich zeigen sich die Campi Flegrei am Hafen von *Bacoli.* Guter Fisch wird hier bei *Da Fefè (Via della Shoah 15 | Tel. 08 15 23 30 11 | außer Fr–So mittags, im Winter auch So-Abend und Mo geschl. | fefeabacoli.it | €€)* serviert. G3

4 POZZUOLI & CAMPI FLEGREI

20 km bis Pozzuoli westlich von Neapel/gut 20 Min. mit der Bahn

Mit der Ferrovia Cumana gelangst du, vorbei an den stillgelegten Schwerindustrieanlagen von Bagnoli, in die ehemalige griechisch-römische Hafenstadt *Pozzuoli.* Aus dieser Zeit sind das *Anfiteatro Flavio,* drittgrößtes Amphitheater Italiens, sowie der *Serapeo,*

5 CUMA

25 km westlich von Napel/40 Min. über die A 56

Weiter im Norden gelangt man nach *Cuma,* das als Kyme im 8. Jh. v. Chr. die erste Festlandsiedlung der Griechen war. Heute ist es eine romantische Ruinenlandschaft mit der *Grotte der Sibylle,* der berühmtesten Wahrsagerin der Antike. G3

6 CASERTA

30 km nördlich von Neapel/35 Min. über die A 1

Frisch geputzt liegt das riesige Barockschloss *Reggia di Caserta (Mi–Mo 8.30–19.30 Uhr, Park bis 1 Std. vor Sonnenuntergang | ⏲ 2½ Std.),* 1752–1774 erbaut, vor seiner beeindruckenden Gartenanlage in *Caserta* (75 000 Ew.). Mit 1200 Räumen, 1790 Fenstern und 94 Treppen ist es das ehrgeizige „Versailles" des Bourbonenkönigs Karl III. In den Gemächern findet sich u. a. eine neapolitanische Krippe mit 1200 Figuren aus dem 18. Jh. Im Park kannst du Fahrräder mieten und mit der Kutsche fahren.

Ein Ausflugsziel ist das hoch gelegene mittelalterliche Dorf *Caserta Vecchia* mit sehenswerter Kathedrale in der malerischen Altstadt und guten Lokalen wie *Gli Scacchi (Via San Rocco | Tel. 08 23 37 10 86 | Mo/Di geschl. | €–€€).* *G3*

7 CAPUA

40 km nördlich von Neapel/40 Min. über Caserta

Bei *Capua* 12 km nordwestlich von Caserta lohnt sich das riesige römische *Amphitheater* von *Santa Maria Capua Vetere (Di–So 9 Uhr–1 Std. vor Sonnenuntergang).* In Capua (19 000 Ew.) selbst ist vor allem das *Museo Campano (Di–Sa 9–13.30, Di und Do 15–18, So 9–12 Uhr | ⏲ 1 Std.)* mit seiner einzigartigen Statuensammlung antiker Votivmütter aus Tuffstein (7.–1. Jh. v. Chr.) sehenswert. 6 km nordöstlich von Capua steht die *Basilika Sant'Angelo in Formis* aus dem 11. Jh., deren dreischiffiges Inneres mit byzantinischen Fresken großartig ausgemalt ist. *G3*

INSIDER-TIPP Steinerne Zeitzeugen

8 BENEVENTO

70 km nordöstlich von Neapel/1½ Std. über die SS 162dir, SP 338 und SS 7

Im Zweiten Weltkrieg stark beschädigt, hat das auf einer Anhöhe gelegene Benevento (60 000 Ew.) aber aus seiner antiken Blütezeit einen wunderbar erhaltenen *Triumphbogen* zu Ehren des römischen Kaisers Trajan (2. Jh.) zu bieten, ein römisches *Amphitheater,* die Kirche *Santa Sofia* aus seiner Zeit als Langobardenherzogtum (7.–11. Jh.), den wieder aufgebauten *Dom* sowie das *Museo del*

IM LAND DER ZITRONEN

Wer Fernweh bekommt nach Süditalien, kann sich den kampanischen Zitronenlikör *limoncello* zu Hause selbst machen, das ist ganz einfach und hilft bei Sehnsuchtsanfällen (und vollem Magen): Die gelbe, in schmale Streifen geschnittene Schale von zehn unbehandelten Biozitronen wird fünf bis zehn Tage lang in 1 l Wodka oder Korn eingelegt. Dann 1 kg Zucker in 1 l Wasser aufkochen, abkühlen lassen und dazugießen, gut durchschütteln, filtern, in Flaschen füllen und ins Gefrierfach legen. Der Likör sollte eiskalt getrunken werden.

Sannio (Di–So 9–19 Uhr) im Benediktinerkloster mit Schätzen aus der Frühzeit der Samniter, der Römer und der Griechen. *G3*

9 MUSEO NAZIONALE FERROVIARIO DI PIETRARSA

6 km südöstlich von Neapel/15 Min. mit dem Zug vom Hauptbahnhof

Zwischen Portici und Neapel fuhr 1839 der erste Zug Italiens, die Lokomotive war nach dem benachbarten Vulkan „Vesuvio" getauft worden. An Bord befand sich ein adliger Gast: Bourbonenkönig Ferdinand II. ließ sich auf der Strecke von seiner Stadtresidenz in Neapel in sein Landschloss nach Portici fahren. Über 170 Jahre alte Züge dokumentieren in diesem Museum die italienische Eisenbahngeschichte. *Stazione di Pietrarsa-San Giorgio a Cremano | Do 14–20, Fr 9–16.30, Sa/So 9.30–19.30 Uhr | G3*

10 HERCULANEUM & POMPEJI (ERCOLANO & POMPEI)

25 km bis Pompeji südöstlich von Neapel/30 Min. mit der Bahn

Im Süden Neapels beherrscht der Vesuv Landschaft und Geschicke. Während Pompeji unter dem Ascheregen verkohlte, als der Vesuv wohl am 24. Oktober 79 n. Chr. ausbrach, erstickte Herculaneum unter seinem heißen Schlamm. In *Herculaneum (tgl. 8.30–17, April–Okt. bis 19.30 Uhr | pompeiisites.org | 2½ Std.)* gelangst du vom Corso Ercolano in die immer noch nicht vollständig ausgegrabene Stadt mit ihren geraden Straßen, den Thermen und mosaikgeschmückten Patrizierhäusern: gut erhalten, übersichtlich und weniger überlaufen als Pompeji. Sehenswert ist das virtuelle Museum *MAV (Via IV Novembre 44 | März–Mai tgl. 9–17.30, Juni–Sept. 10–18.30, Okt.–Feb. Di–So 10–16 Uhr | museomav.it | 1 Std.)*, in dem u. a. der Vesuvausbruch von 79 n. Chr. in einer 3-D-Aufführung anschaulich nachempfunden werden kann. Im Juli und August gibt es Theateraufführungen in der Ausgrabungsstätte, Infos dazu siehe Website.

INSIDER-TIPP
Ausflug in die Antike

15 km weiter südöstlich liegt ★ *Pompeji (April–Okt. Mo–Fr 9–19.30, Sa/So 8.30–19.30, Nov.–März Mo–Fr 9–17, Sa/So 8.30–17 Uhr | pompeiisites.org | 2½ Std.)*: Einzigartig an dieser aus dem Lavaschutt ausgegrabenen Stadt (ital. Pompei) sind nicht repräsentative Bauwerke wie Tempel, Forum und Theater, sondern der Einblick in den römischen Alltag – Geschäfte, Kneipen, Bordelle, öffentliche Badeanstalten, Häuser, Küchen, gepflasterte Straßen mit Wagenrillen, Abwasserkanälen und Fußgängerstegen, dazu Dekorationen im typischen Pompejirot und Fresken. Weltberühmt sind die Wandmalereien in der *Villa dei Misteri*, die „Einweihung der Bräute in die dionysischen Geheimnisse".

Pompeji ist seit dem späten 19. Jh. auch ein bedeutender Wallfahrtsort: Zur Madonna vom Rosenkranz *(santuario.it)* pilgern jährlich über 4 Mio. Gläubige. Sogar Autos werden hier gesegnet: jeden Tag von 9 bis 13 und 17 bis 18 Uhr zur vollen Stunde vor der Kirche *Madonna del Rosario (Piazza Bartolo Longo 1)*. Ebenfalls beim Vesuvausbruch verschüttet wurde die *Villa*

Oplontis (April–Okt. 8.30–19.30, Nov.–März 8.30–17 Uhr | pompeiisites.org) bei Torre Annunziata mit einem 61 m langen Pool. Sie soll Poppea gehört haben, Neros zweiter Frau.

INSIDER-TIPP
Die prächtigste Kaiservilla

Christi. Hinauf gelangst du mit Bus *(Haltestelle Circumvesuviana Ercolano Scavi | vesuvioexpress.info)* oder Auto über Ercolano. Die letzten paar Hundert Meter bis an den Kraterrand genießt man die Natur auf einem 30-minütigen Spaziergang über Lavaschot-

Auferstanden aus der (Vesuv-)Asche: das Fresko in der Villa dei Misteri von Pompeji

Zwischen Herculaneum und Pompeji liegt in *Torre del Greco* im Grünen das familiäre Landgut Josè *(Via Nazionale 414 | Tel. 08 18 83 62 98 | So-Abend und Di geschl. | joserestaurant.it | €€–€€€)*, das eine phantastische Gourmetküche im Grünen anbietet. *G3*

11 VESUV (VESUVIO)

15 km südöstlich von Neapel/20 Min. über die A 3 und die Via Vesuvio

An den Hängen des Vesuvs wachsen auf seiner fruchtbaren Lavaerde Zitronenbäume und der Wein Lacryma ter. *Tgl. 9 Uhr–2 Std. vor Sonnenuntergang, Tickets nur online, vorab auf vivaticket.com buchen (oben auf dem Vesuv kein Internetzugang!) | guidevesuvio.it | 2½ Std. G3*

12 GRAGNANO

35 km südöstlich von Neapel/35 Min. über die A 3 und die SS 145

Bis heute ist Süditalien die Kornkammer des Landes, dort wird der meiste Hartweizen geerntet. In der 30 000-Ew.-Gemeinde konzentrieren sich seit dem 18. Jh. die meisten Nudelfabri-

Zu Füßen der Steilküste liegt der kleine Stadtstrand von Amalfi

ken ganz Italiens: 20 Manufakturen produzieren derzeit 1500 t Pasta pro Tag. Interessant ist die Besichtigung der traditionellen Nudelfabrik *La Fabbrica della Pasta (Viale San Francesco 30 | nach Anmeldung unter Tel. 08 18 01 14 87 oder relazioniesterne@lafabbricadellapasta.it | lafabbricadellapasta.com).* G3

13 HALBINSEL VON SORRENT (PENISOLA SORRENTINA)

50 km bis Sorrent südöstlich von Neapel/1¼ Std. über die A 3 und SS 145

Südlich von Neapel schiebt sich die Halbinsel von Sorrent mit den Monti Lattari weit ins Meer auf die Insel Capri zu, mächtige Trennwand zwischen dem Golf von Neapel und dem Golf von Salerno. Das quirlige *Sorrent* (Sorrento, 17 000 Ew.) auf einem Tuffplateau zeichnen seine eleganten historischen Hotels, seine Einkaufsmöglichkeiten und sein Handwerk der Holzintarsien aus. Auf der Halbinsel in *Sant'Agata sui Due Golfi* trifft man auf den bekanntesten Feinschmeckertempel Süditaliens: *Don Alfonso 1890 (Piazza Sant'Agata 13 | Tel. 08 18 78 00 26 | Mo/Di und außer Sa/So mittags geschl. | donalfonso1890.com | €€€).* G3–4

14 AMALFIKÜSTE (COSTIERA AMALFITANA) ★

60 km bis Sorrent südöstlich von Neapel/1½ Std. über die A 3, SS 145 und SS 163

An der Südseite der Halbinsel von Sorrent erstreckt sich die auch *Costiera Divina,* Göttliche Küste, genannte *Costiera Amalfitana* mit Positano, Amalfi,

Ravello bis nach Salerno. Auf dem abwechslungsreichen Felsrelief der Steilküste kleben Terrassen mit Zitronen-, Mandel- und Olivenbäumen, wilde Rosen und Bougainvilleen ranken sich an den Loggienbalkons der hellen Häuser empor. Die pastellfarbenen Häuser *Positanos* (4000 Ew.) ziehen sich die Felsen hinauf. Den Mosaikfußboden im Ort vor der *Pfarrkirche Santa Maria Assunta* mit Majolikakuppel schuf der zeitgenössische Künstler Mimmo Paladino. Das einstige Fischerstädtchen ist heute ein exklusiver Ferienort mit eleganten Hotels und kleinen Badebuchten. Einen tollen Blick hast du von der Terrasse der Trattoria *La Tagliata (Via Tagliata 32b | Tel. 0898758872 | Ostern–Okt. tgl. | latagliata.com | €€)* in *Montepertuso* oberhalb von Positano. Die für Positano typische Mode aus handgefärbtem Leinen findest du in der Boutique *Bottega di Brunella (Via dei Mulini 24)*. Auf dem Weg nach Amalfi kommst du in *Praiano* mit dem herrlich in einer Bucht gelegenen Felsstrand *Spiaggia della Gavitella* vorbei.

Amalfi (5100 Ew.) sieht man seine Vergangenheit als einflussreiche Seerepublik in Konkurrenz mit Venedig, Genua und Pisa an. Kostbar ist der *Dom* mit großartiger Treppe, bunter Marmorfassade und arabisch-normannischem Campanile. Ein Einkaufstipp ist das handgeschöpfte Papier bei *Antiche Stampe di Amalfi (Piazza Duomo 11)*. Es stammt aus den traditionsreichen Papierwerkstätten von Amalfi, deren Geschichte oberhalb des Orts eindrucksvoll gezeigt wird im *Museo della Carta (Via delle Cartiere 23 | März–Okt. tgl. 10–18.30, Nov.–Jan. Di–So 10–16 Uhr | museo dellacarta.it)*.

INSIDER-TIPP
Der Zauber handgeschöpften Papiers

Weiter oberhalb von Amalfi in den Bergen versteckt sich das verwunschene *Ravello* (2500 Ew.) mit romanischem *Dom* und kostbaren Villen wie der arabischen *Villa Rufolo*, die einst Richard Wagner inspirierte. Musikliebhaber genießen das anspruchsvolle sommerliche Musikfestival von Ravello. Von der Terrasse im Garten der *Villa Cimbrone (Via Santa Chiara 26 | villacimbrone.com)* hast du eine atemraubende Sicht über den Golf. Der ehemalige Adelswohnsitz aus dem 12. Jh. ist heute ein bezauberndes Hotel – wie wäre es hier mit einem Aperitif? *G3–4*

15 SALERNO

55 km südöstlich von Neapel/50 Min. über die A3

Beeindruckend liegt Salerno an seiner Hafenbucht. Durch die einst schäbige Stadt (135 000 Ew.) weht ein neuer Wind, überall wird restauriert, Plätze, lebhafte Boulevards (z. B. *Via Roma*) und schöne Uferpromenaden laden zum Bummeln ein. Und der wunderbare *Dom San Matteo* mit seinem kostbaren Bronzeportal noch aus der Zeit als Kapitale des süditalienischen Normannenreichs sowie die *Stazione Marittima* von Zaha Hadid sind ein Muss für Kulturinteressierte. Salerno ist aufgrund der aufwendigen, phantasievollen Beleuchtung besonders auch in der Weihnachtszeit sehenswert. *G3*

16 PAESTUM ★

100 km südöstlich von Neapel/1½ Std. über Salerno ud die Küstenstraße

Am südlichen Bogen des Golfs von Salerno erheben sich diese wunderbar erhaltenen dorischen *Tempelanlagen (tgl. 8.30 Uhr–30 Min. vor Sonnenuntergang | ⏲ 1½ Std.)* aus dem 6./5. Jh. v. Chr. der antiken Stadt Poseidonia, aus der die Römer dann Paestum machten. Die Araber zerstörten die Stadt im 9. Jh. Ihre Ruinen lagen Jahrhunderte unter dichter Vegetation verborgen. Das *Museo Archeologico (Via Magna Grecia 919 | Di–So 8.30–19.30 Uhr | ⏲ 1½ Std.)* auf der Anlage zeigt Tempelfriese, Statuen und Wandmalereien, darunter die hinreißend bemalte Grabplatte, auf der ein Mann mit einem Kopfsprung ins Jenseits springt.

In der Ebene des Flusses Sele zwischen Salerno und Paestum weiden Büffel, deren Milch den besten Mozzarella Italiens ergibt. Eine köstliche Kostprobe dieses lokaltypischen Frischkäses bekommst du im Gutshof *Masseria Lupata (Via Porta Marina 29 | Tel. 08 28 72 20 02 | masserialupata.it | €–€€)* gleich westlich hinter den Ausgrabungen. 🕮 H4

INSIDER-TIPP
Cremiger Traumkäse

17 CILENTO ★

120 km bis Castellabate südöstlich von Neapel/1¾ Std. über die A 3, A 2, SS 18 und SS 267

So heißt die Berglandschaft, die sich südlich von Paestum im Anschluss an die Ebene des Flusses Sele erhebt, sich bis zu Höhen von 1705 m (*Monte Sacro* mit dem Heiligtum *Madonna di Novi Velia*) aufschwingt und sich zwischen Agropoli und Sapri im Süden ins Meer vorschiebt: mit einer bergigen Küste, an der sich winzige weiße Sandbuchten mit langen Stränden (herrlich weißen Sand findest du in der *Cala d'Arconte* bei Marina di Camerota), Grotten und bizarren Felsen abwechseln – ein Taucherdorado.

Zu entdeckten ist das dicht bewaldete Landesinnere des Cilento mit dem großen Nationalpark *(cilentoediano.it, cilento-aktiv.info)*. Mit seinen naturbelassenen Flusslandschaften, seinen üppigen Mischwäldern, einer artenreichen Tierwelt sowie Spuren antiker Besiedlung, netten alten Städtchen und einem noch aktiven Bauerntum gehört der Cilento auch zum Unesco-Welterbe.

Vom alten Castellabate oben auf dem Hügel liegt dir der Strandort Santa Maria zu Füßen

In der Nähe der Küste liegt das wunderschöne mittelalterliche Städtchen *Castellabate* (9200 Ew.) mit einer Burg am Hang, zu der unzählige Gassen hinaufführen. Eine hübsche Adresse am Meer ist das Restaurant *Da Carmine (Lungomare Alcide De Gasperi 37 | Tel. 09 74 96 30 23 | Juni–Okt. tgl. | albergo dacarmine.it | €–€€)* südlich von Castellabate in *Ogliastro Marina*. Landschaftlich besonders beeindruckend ist die Landzunge *Punta degli Infreschi* bei Marina di Camerota mit einem zauberhaften Kieselstrand in einer Bucht. Du kannst sie über einen Pfad auch zu Fuß in ca. zwei Stunden von Marina di Camerota aus erreichen. Zu den Ausflugszielen zählen in den Monti Alburni die phantastischen Tropfsteinhöhlen *Grotte dell'Angelo di Pertosa (April–Sept. tgl., Okt.–März Di–So Bootsführungen, Zeiten und Anmeldung unter fondazionemida.com)*; dort wird zu ausgewählten Terminen das Musical „Cave of the Spirits" aufgeführt. Zwei ganz besondere Orte sind auch das verlassene Dorf *Roscigno Vecchia* sowie im waldreichen Landesinneren bei Padula das Kartäuserkloster *Certosa San Lorenzo (tgl. 9–19 Uhr)*, eine riesige Barockanlage, nach dem Erdbeben 1980 mustergültig wieder instand gesetzt und heute Sitz eines archäologischen Museums sowie spektakulärer Ausstellungen zeitgenössischer Kunst. Zum Kennenlernen des inneren Cilento und seiner leckeren Landküche bietet sich ein Essen an auf einem typischen Bauernhof, etwa in *San Rufo*: *Agriturismo Erbanito (Via Palizzo 6 | Tel. 09 75 39 53 48 | März–Okt. Di–So, Nov.–Feb. Do–So und nach Anmeldung | erbanitoagriturismo.it | €)*. H4

DER SÜDEN

ZWEI MEERE BADEN DIE STIEFELSPITZE

Mit der Stiefelspitze tippt Kalabrien fast an Sizilien. Die lange, felsenreiche Halbinsel des äußersten Mezzogiorno umspülen das Ionische Meer im Südosten und das Tyrrhenische Meer im Westen. Über das Pollinomassiv findet diese Halbinsel im Norden den Anschluss an die Basilikata, das abgeschiedene Landesinnere des Südens mit nur zwei kurzen Meerkontakten – mit knapp 80 km nur ein Zehntel im Vergleich zu den 800 km kalabrischer Meeresküste.

Wie ein Mini-Matterhorn im Meer: La Pizzuta bei Tropea

Im tiefen Süden Italiens beeindrucken in erster Linie grandiose Landschaften: die Lukanischen Dolomiten, kahle Sandsteinfelsen über grüner Vegetation, der Nationalpark Pollino, die Wälder der Mittelgebirgslandschaft der Sila, schließlich im südlichsten Zipfel die raue Berglandschaft des Aspromonte: Die kontrastreiche Natur Süditaliens ist ideal für erlebnisreiche Wandertouren. Du begegnest mediterranem Bauernleben und genießt eine herzhafte Küche. Und überall gilt es, die Spuren der antiken Griechen zu entdecken.

DER SÜDEN

Melfi 11
11 Monte Vulture
12 Venosa
Das Landesinnere S.111
Bradano
E847
Potenza
CAMPANIA
14 Dolomiti Lucani
Sala Consilina
Agropoli
Vallo della Lucania
Agri
E45
A2
Francavilla in Sinni
Maratea
320 km, 4 ¼ Std.
Golfo di Policastro 18
19 Costa dei Cedri
15
Monte Pollino
Castrovillari
Mare Tirreno
Tyrrhenische Küste S.114
480 km, 5 ½ Std.
Cosenza 16
Amantea
Lamezia Terme
Golfo di S. Eufemia
E45
A2
Marina dell'Isola
Marinella di Zambrone
Praia di Fuoco
20
20
Capo Vaticano
Tropea
Vibo Valentia
Rosarno
Lipari
Palmi
Gerace
10
Locri 9
Costa Viola
21
Messina
22 Aspromonte
Pattl
E90
Bronzi di Riace
Reggio di Calabria S.116
Costa dei Gelsomini
SICILIA
Sant'Agata di Militello
Pellaro
E45

MARCO POLO HIGHLIGHTS

★ **LA CATTOLICA IN STILO**
Besterhaltene byzantinische Kirche ganz aus Ziegelsteinen ➤ S. 110

★ **SASSI IN MATERA**
Byzantinisch ausgemalte Kapellen in Höhlen und Grotten: Europas Kulturhauptstadt von 2019 ➤ S. 112

★ **MONTE POLLINO**
Grandiose Berglandschaft – ein Wanderparadies ➤ S. 113

★ **BRONZI DI RIACE IN REGGIO DI CALABRIA**
Zwei original griechische Kriegerstatuen, 1972 völlig intakt auf dem Meeresgrund geborgen ➤ S. 116

★ **MARATEA**
Hübscher Ort an einem besonders schönen, exklusiven Küstenabschnitt ➤ S. 114

★ **TROPEA**
Spektakulär auf einem Felsriff überm Strand liegt Kalabriens attraktivster Ferienort ➤ S. 115

Die Geschichte Süditaliens spiegelt sich auch in der Art der Besiedelung: Nach dem Niedergang der reichen griechischen Handelsstädte, die direkt am Meer lagen, zogen sich die Menschen immer mehr in den Schutz und die Isolation der Berge zurück – dort waren sie weniger angreifbar. Dennoch versuchten Sarazenen seit dem Mittelalter immer wieder, die italienische Küste zu plündern.

Eigentlich hat erst mit dem 20. Jh. die Rückkehr an die Küste eingesetzt: In den wenigen Ebenen, wie bei Metapont oder Sibari, werden dank moderner Bewässerung neben den traditionellen Oliven-, Mandel- und Weinkulturen Obst, Gemüse, Blumen und Tabak angepflanzt. Die Cassa per il Mezzogiorno hat hier und dort gewaltige, meist wenig effiziente Industrieanlagen aus dem Boden gestampft, die heute oft nur noch als Ruinen im Weg stehen. Auffallend sind auch die vielen Betonskelette in der Landschaft, meist unvollendete Schwarzbauten.

Jeder küstennahe Bergort hat sich seinen Ableger direkt am Meer gebaut: eine Marina, oft schnell zusammengehauene Feriensiedlungen und große Hotelanlagen – allzu häufig die typische Betontristesse moderner süditalienischer Bebauung. Im Winter erlebst du sie als wahre Geisterstädte, im Sommer von Mitte Juli bis Ende August dagegen chaotisch überfüllt. Da sind Juni und September viel bessere Reisemonate.

Entlang der beiden Küsten gibt es aber auch zahlreiche Orte mit besonders schönen Stränden und sauberem Wasser: an der ionischen Küste etwa die *Costa dei Gelsomini*, die Jasminküste zwischen Locri und Stiefelspitze, oder den *Golf von Squillace* mit Soverato, schließlich die Strände der Halbinsel *Capo Rizzuto*. An der tyrrhenischen Küste lohnen vor allem die *Costa Viola* zwischen Villa San Giovanni und der Hafenstadt Gioia Tauro, die Halbinsel *Capo Vaticano* mit Tropea, der Perle Kalabriens, und der *Golf von Policastro* mit Maratea.

IONISCHE KÜSTE

Die Ionische Küste, die Stiefelsohle Italiens, verbindet die drei Regionen des italienischen Südens – Apulien, Basilikata und Kalabrien – miteinander und schenkt ihnen herrlich flache Sandstrände.

ZIELE AN DER IONISCHEN KÜSTE

1 METAPONTO

Mit Metaponto am Golf von Tarent grenzt die flache, fruchtbare Küstenebene der Basilikata mit feinen Sandstränden und mäßig attraktiven Feriensiedlungen ans Ionische Meer. Heute kaum mehr zu glauben, doch in der Antike war Metapontion eine hoch entwickelte Griechenstadt, berühmt für ihre Philosophenzirkel, auch Pythagoras soll hier gelehrt haben. 15 Säulen eines dorischen Tempels, die *Tavole Palatine* längs der Staatsstraße 106, sind übrig geblieben, ebenso

Zum Zählen brauchts keinen Pythagoras: Wenige Tempelreste sind von Metapontion übrig

weitere Tempelreste im *Parco Archeologico (Di–So 9 Uhr–1 Std. vor Sonnenuntergang)*. Ein *Museum (Di–So 9.30–18.45 Uhr)* bei *Metaponto Borgo* zeigt Ausgrabungsstücke. Eine klasse Landküche findest du in der *Masseria Macchia (SS 106 km 444 | Tel. 08 04 96 50 76 | Ostern–Okt. tgl. | masseriamacchia.it | €€)* in einem zauberhaften Zitrushain. Und im beschaulichen alten Burgstädtchen *Bernalda,* 12 km von Lido di Metaponto landeinwärts über dem Basentotal gelegen, isst du mit den Einheimischen im *Ristorante Zelmira 77 (Via Diogene 4/5 | Tel. 08 35 54 43 99 | außer im Aug. Di geschl. | €)*. *J4*

2 POLICORO & NOVA SIRI

Eine zweite bedeutende Griechenstadt war *Heraclea* 20 km südlich von Metapont; hier gibt es das *Museo Nazionale della Siritide (Mi–Mo 9–20, Di 14–20, Hochsommer bis 23 Uhr)* in *Policoro,* dazu Funde aus Siris, einer dritten Griechenstadt. *Nova Siri,* ebenfalls eine antike Siedlung, hat eine beschauliche Altstadt im Landesinneren und eine attraktive Strandmeile mit Cafés und Trattorien zu bieten. *J4*

3 SIBARI

An der Küste Kalabriens lag einst die reiche, wegen ihres raffinierten Lebensstils schon zu Lebzeiten legendäre Griechenstadt Sybaris, in der im 6. Jh. v. Chr. über 300 000 Menschen lebten. Ihre eindrucksvollen Ruinenreste finden sich an der Küstenstraße SS 106 südlich des modernen *Sibari* (5000 Ew.) im Ortsteil Parco del Cavallo. Hier steht auch das *Museo Archeologico Nazionale della Sibaritide (Di–So 9–19.30 Uhr)*. *J5*

4 ROSSANO CALABRO

Während es ins Landesinnere hinauf ins Pollinomassiv geht, gehört zur meerzugewandten Seite das bildhübsche alte Bergstädtchen *Rossano Calabro* (37 000 Ew.). Von seiner Rolle im Mittelalter als bedeutendes byzantinisches Kulturzentrum zeugen noch die uralten Gotteshäuser, allen voran die orientalisch anmutende Kirche *San Marco* aus dem 9./10.Jh. Der Höhepunkt aus dieser Vergangenheit ist der *Codex Purpureus Rossanensis* im *Museo Diocesano (Juli–Mitte Sept. Di–So 9.30–13 und 16.30–20.30, Mitte Sept.–Juni 9.30–12.30 und 15–18 Uhr)* nahe der Kathedrale, ein im 6.Jh. von griechischen Basilianermönchen auf purpurrotes Pergament gemaltes Evangelienbuch. Stadtführungen bietet die *Cooperativa Neilos (Via Arcivescovado 1 | Tel. 09 83 52 52 63 | neilos@tiscalinet.it)* an.

INSIDER-TIPP **Bergort mit byzantinischem Kunstschatz**

Lebhafte moderne Badeorte sind *Lido Sant'Angelo* und *Rossano Scalo.* Ein besonders schönes Plätzchen auf einem idyllischen Biolandgut nur 2 km von Rossano ist *Valanello (Ortsteil Valanello 63 | Tel. 0 98 36 40 92 | April–Okt. tgl. nach tel. Anmeldung am Tag zuvor | agriturismovalanello | €).* Ein Ausflugsziel 18 km außerhalb ist die eindrucksvolle griechisch-byzantinische Klosteranlage *Santa Maria del Patire* aus dem 12.Jh. oberhalb von Rossano. Als originelles Mitbringsel empfiehlt sich echtes Lakritz in hübschen Blechdosen aus der jahrhundertealten *Lakritzfabrik Amarelli (Ortsteil Amarelli bei Rossano Scalo | Küstenstraße SS 106 | Fabrikbesuch anmelden unter Tel. 09 83 51 12 19 | Museumstouren tgl. 10, 11, 15 und 16 Uhr | liquirizia.it, museodellaliquirizia.it).* J5

INSIDER-TIPP **Kalabrische Kultkringel**

5 ISOLA DI CAPO RIZZUTO

Vorbei an *Cirò* und *Cirò Marina,* berühmt für die Weinberge und den gleichnamigen Wein, und *Crotone* – vor 2500 Jahren das griechische Kroton, heute eine unattraktive Industriestadt – erreichst du die Halbinsel von Isola di Capo Rizzuto, einer Felsplatte, die weit ins Meer hineinreicht. Wegen ihrer wunderbaren rötlichen Sand- und Kieselstrände – etwa die *Spiaggia dei Gigli* mit ganz feinem Sandstrand und nie überlaufen – und des artenreichen Meeresgrunds unter Naturschutz ist sie beliebt bei Urlaubern und Tauchern. Entsprechend groß ist das Angebot an Hotels, Campingplätzen und aufwendigen Feriendörfern mit allen erdenklichen Fitness- und

Baden im Burgschatten? Das geht am Strand von Le Castella!

Sportangeboten. Auf der äußersten Nordspitze *Capo Colonna* steht einsam eine dorische Säule, das fotogene letzte Überbleibsel eines Heratempels.

Im Süden der Halbinsel liegt der Ortschaft *Le Castella* vorgelagert ein über einen Damm erreichbares Felsinselchen mit einer imposanten Kastellanlage der Aragoneser, eine echte Touristenattraktion. Eine der besten Adressen ist hier das Restaurant der *Villa Aurora (Via Volandrino | Tel. 09 62 79 51 37 | tgl. | hotelvillaaurora.it | €€)* am westlichen Ortsrand mit Blick auf die Wasserburg. Im Sommer sitzt du hier in einer hübschen Gartenlaube.

Das Hinterland von Crotone und Isola di Capo Rizzuto bildet das Marchesato, einst dicht bewaldete Hügel, die von Großbauern abgeholzt wurden und heute streckenweise eine verwitterte Erosionslandschaft bilden. *K6*

6 CATANZARO

Auch das wenige Kilometer landeinwärts gelegene Catanzaro (90 000 Ew.) im Landesinnern, wie üblich in einen alten und einen neuen Ortsteil gespalten und Verwaltungssitz der Region Kalabrien, hat mit Catanzaro Marina seinen Ableger am Meer. Oberhalb Catanzaros führt eine herrliche Panoramastraße hoch in die Berge ins mittelalterliche Örtchen *Tiriolo,* berühmt für seine Aussicht auf beide Meere und für schöne Webarbeiten (Teppiche, Decken, Seidenschals). *J6*

7 SQUILLACE

Ein schöner Küstenabschnitt erstreckt sich von Squillace Lido gen Süden. Das alte Squillace mit den antiken Siedlungsresten im *Parco Archeologico Scolacium Rocceletta di Borgia (tgl. 9 Uhr–1 Std. vor Sonnenuntergang)* liegt ein paar Kilometer landeinwärts auf

Hoch oben auf der Bergkuppe, aber keine 10 km ans Meer: Gerace ist ein toller Stützpunkt

von Olivenhainen bewachsenen Hügeln. An der Küste tummeln sich lebhafte Badeorte wie *Soverato, Copanello, Badolato* mit aufwendig ausgestatteten Ferienanlagen und Campingplätzen vor schönen Stränden und glitzernd-sauberem Meerwasser. Eine ländlich abgeschiedene Gasthausempfehlung 20 km landeinwärts von Soverato in *Torre di Ruggiero* ist der *Agriturismo Creta Rossa (Via Giantomasi | Tel. 0967934456 | agriturismo cretarossa.it | €).* *J6*

8 STILO

Weiter südlich führt ein erneuter Abstecher 15 km ins Landesinnere, wo auf 400 m Höhe in den von Olivenbäumen übersäten Bergen das Städtchen Stilo (2500 Ew.) liegt. Es ist weithin bekannt wegen der kleinen, rotbraunen Backsteinbasilika ★ *La Cattolica* mit ihren fünf markanten kompakten Kuppeln: ein völlig intaktes byzantinisches Gotteshaus aus dem 10. Jh., als die Stadt das byzantinische Zentrum von Kalabrien darstellte. Heute ist die Kirche eine der großen Sehenswürdigkeiten Kalabriens. *J6*

9 LOCRI

Die in den letzten Jahrzehnten entstandenen Badeorte im weiteren Küstenverlauf haben fast alle einen alten, pittoresken Kern auf den Anhöhen über der Küste. Auf Sehenswertes stößt man dann wieder zwischen Locri und Bovalino Marina: die Ruinen des alten griechischen *Lokroi Epizephyriä,* Reste von Tempeln, einem griechisch-römischen Theater und dem Heiligtum der Persephone. Einige ihr gewidmete Votivtafeln, die sogenannten *pinakes* aus Terrakotta, finden sich heute im *Museo Archeologico Nazionale* von Locri *(Di–So 9–20 Uhr | 1½ Std.).* *J6*

10 GERACE

Im malerischen mittelalterlichen Gerace in den Bergen beeindruckt eine romanische *Kathedrale* aus Bauelementen des antiken Locri. Nach einem herzlichen Empfang isst du in der Trattoria *Asquella (Via della Resistenza 8 | Tel. 09 64 35 60 86 | Nov.–März abends geschl. | €)* wie bei Freunden. Eine Passstraße führt rüber auf die andere Küstenseite ans Tyrrhenische Meer bei Gioia Tauro. Von der Passhöhe des *Passo del Mercante* ergeben sich großartige Ausblicke auf beide Meere, die die Stiefelspitze umspülen. *J6*

DAS LANDES-INNERE

Das Landesinnerer des tiefen Südens ist ganz schön gebirgig und sehr dünn besiedelt. Obwohl weit abgelegen, spielten Städte wie Melfi oder Potenza seit dem Mittelalter eine wichtige Rolle.

ZIELE IM LANDESINNEREN

11 MELFI & MONTE VULTURE

Bedeutendes Zentrum im Norden der Basilikata ist das sehenswerte Städtchen Melfi (18 000 Ew.) an der Nordflanke des Monte Vulture (1326 m), eines erloschenen Vulkans, auf dessen fruchtbarer Erde Wein und Wälder gedeihen – und ein relativ neues, doch von der Schließung bedrohtes Fiat-Werk. Die Wälder erinnern an den alten Namen der Region, Lucania (von *lucus* = Wald). Beliebte Ausflugsziele sind die beiden *Kraterseen von Monticchio* mit zwei Benediktinerklöstern. *Melfi* selbst war im 11. Jh. erster Stützpunkt der Normannen in Süditalien. Im später von Friedrich II. umgebauten Kastell zeigt das *Museo Nazionale del Melfese (Mo 14–20, Di–So 9–20 Uhr | 1 Std.)* frühgeschichtliche Funde. *H3*

12 VENOSA

20 km östlich von Melfi liegt die 12 000-Seelen-Gemeinde, berühmt als Geburtsort des römischen Dichters Horaz (65 v. Chr., Reste des angeblichen Geburtshauses sind zu besichtigen). Im 1. Jh. v. Chr. avancierte Venusia zu einer der führenden römischen Städte. Ein *Amphitheater*, ein *Frigidarium* und mehrere *Tempel* zeugen davon.

Der Ort ist auch berühmt für seinen Wein: In Venosa und Umgebung gedeiht der Aglianico del Vulture, der Vorzeige-DOC-Wein der Basilikata, der aufgrund seiner Qualität und Ähnlichkeit mit dem großen piemontesischen Bruder auch als Barolo des Südens bezeichnet wird. Im Grottenkeller des Restaurants *Al Baliaggio (Via VIttorio Emanuele 136 | Tel. 0 97 23 50 81 | So-Abend und Mo geschl. | Facebook | €€)* lagert er in verschiedenen Qualitätsstufen; serviert wird er z. B. mit herzhaftem Pecorino oder mit gegrilltem Lammfleisch. Vielleicht hast du ja noch Platz im Kofferraum? 1 km vor Venosa in der *Cantina Terre degli Svevi (Ortsteil Pian di Camera | cantineremanfredi.com)* findest du den besten Aglianico del Vulture zu richtig vorteilhaften Preisen. *H3*

13 MATERA

Europas entzückende Kulturhauptstadt von 2019 hat einen romanisch-normannischen *Dom* aus dem 13. Jh., eine *Feudalburg* von 1515, die *Chiesa del Purgatorio* mit makabren Fegefeuerszenen, doch die ganz große Sehenswürdigkeit Materas (60 000 Ew.) sind die ★ *Sassi:* in Felswände hineingegrabene Häuser, in denen noch bis in die 1950er-Jahre über 20 000 Menschen lebten. Vom Nachkriegsitalien wurden sie als nationale Schande empfunden, die Aussiedlung war die Folge. Heute stehen die *sassi (sassi web.it)* unter Unesco-Schutz. Jetzt werden sie wieder genutzt: Hotelzimmer, Museen, Restaurants und Wohnungen entstehen und im Sommer bilden sie die Kulisse für Ausstellungen zeitgenössischer Bildhauer aus aller Welt.

In der *Caffetteria Terrazza dell'Annunziata (Mo geschl.)* an der lebendigen *Piazza Vittorio Veneto* mit Blick auf die *sassi* trifft man sich zu süßen und herzhaften Köstlichkeiten oder zum Aperitif. Gehobene, appetitliche Lokalküche gibt es im *L'Abbondanza Lucana (Via Bruno Buozzi 11 | Tel. 08 35 33 45 74 | Mo, So-Abend und außer Fr–So mittags geschl. | €€).*

In der Umgebung Materas verstecken sich in unwegsamer Natur viele mittelalterliche Grottenkirchen, in denen teilweise noch byzantinische Freskenmalereien überlebt haben. Um sie zu besuchen, kontaktierst du über das *Touristenbüro in Matera (Via De Viti De Marco 9 | Tel. 08 35 33 19 83 | aptbasi licata.it)* einen Guide. Führungen und Wanderungen bietet *Matera Turismo (Via Cappelluti 34 | Tel. 08 35 33 65 72 | materaturismo.it)* an. *J3*

INSIDER-TIPP
Mystische Kultstätten

14 DOLOMITI LUCANI

Große, weite Flusstäler führen hinauf in den Appennino Lucano, z. B. durchs

Manch skurriles Gewächs gedeiht im Pollino-Nationalpark: Dachwurz *Sempervivum tectorum*

Basentotal Richtung *Potenza* (66 000 Ew.), der nüchternen Regionalhauptstadt der Basilikata. Das eigentliche Ziel aber sind die Dolomiti Lucani, steile, stiftartige Sandsteinfelsen über einer grünen, wald- und wiesenreichen Mittelgebirgslandschaft – ein mit Wander-, Kletter- und Bikerouten erschlossenes Paradies für Naturfreunde. Vor der Kulisse der Berge liegen sympathische Dörfer wie *Castelmezzano* und *Pietrapertosa*. Das südlichere *Agrital* in mediterraner Hügellandschaft wartet mit dem großen Stausee *Lago Pertusillo*, der alten römischen Siedlung *Grumentum (in Grumento Nova Museo Archeologico Mo 14–20, Di–So 9–20 Uhr)*, der sehenswerten Altstadt von *Moliterno* und dem Marienwallfahrtsort *Viggiano* auf. *J4*

15 MONTE POLLINO ★

Die Grenze zwischen der Basilikata und Kalabrien verläuft genau über den Monte Pollino (2248 m). Sein weitläufiges, mächtiges Bergmassiv, mit seinen 1920 km² größter Nationalpark Italiens *(parcopollino.it)*, faltet sich mal dicht bewaldet, mal als nackte Kalkfelsen auf. Wahrzeichen des Pollino ist der nur noch hier anzutreffende *pino loricato*, die antike, bizarre Panzerföhre. Im Pollinomassiv leben ebenso wie in der Sila Greca in einigen Dörfern noch die Nachfahren der Albaner, die im 15. Jh. vor den Türken nach Süditalien flüchteten. Ihre Sprache haben sie vielfach ebenso bewahrt wie ihr Brauchtum.

Eine spektakuläre Canyonlandschaft hat der Fluss Raganello nahe *Castrovillari* gegraben. Diese Kleinstadt mit ihrem aragonesischen Kastell und der Renaissancekirche San Giuliano eignet sich als Ausgangspunkt ins Pollinomassiv, auch weil sich hier ein ausgezeichnetes Restaurant im Grünen mit legendär guter Küche befindet: *La Locanda di Alia (Via Ietticelli 55 | Tel. 0 98 14 63 70 | Juli–Sept. So, Okt.–Juni So-Abend und Mo geschl. | locandadialia.it | €€–€€€)*.

INSIDER-TIPP Herrliche Landküche

In verschiedenen, übers gesamte Nationalparkgebiet verteilten Ortschaften gibt es Besucherzentren mit Kartenmaterial und Adressen von Tourenführern, z. B. in *Rotonda* (hier der Hauptsitz), in *Mormanno* oder in *Terranova di Pollino*. In Terranova findest du auch die sehr beliebte Trattoria *Luna Rossa (Via Marconi 18 | Tel. 0 97 39 32 54 | Mi geschl. | federicovalicenti.it | €)*.

Besonders pittoresk ist der Bergort *Morano Calabro*: eine Kaskade alter Häuser, ein Kastell, eine Barockkirche mit bunt geschindeltem Kuppeldach und das Kulturzentrum *Il Nibbio (Vico II. Annunziata 11 | Juni–Sept. tgl. 10–13 und 15–20, Okt.–Mai Di–So 10–13 und 15–18 Uhr | ilnibbio.it | 1 Std.)* unterhalb der Burg. Dazu gehören ein literarisches Café und ein kindgerechtes naturhistorisches Museum, das in mit Liebe zum Detail gestalteten Schaukästen die Lebenswelten des Pollino von der Steinzeit bis heute vor Augen und Ohren führt.

Im mitelalterlichen *Altomonte* solltest du unbedingt im Hotelrestaurant *Barbieri (Via San Nicola 30 | Tel. 09 81 94 80 72 | tgl. | barbierigroup.it | €–€€)* in der Altstadt einkehren. Hausgemachte Köstlichkeiten wie Olivenöl, eingelegte Artischocken, Knoblauchpastete, *peperoncini*, Feigenmarmelade ersteht man in der dazugehörigen *Bottega di Casa Barbieri.* *J4–5*

16 COSENZA

Wie so oft im Süden: Die einladende Altstadt von Cosenza mit eindrucksvollem *Dom* aus dem 13. Jh. und stattlichem *Kastell* aus Normannen- und Stauferzeit liegt auf dem Berg und auf der anderen Seite des Flussbetts des Busento die flache, anonyme Neustadt (insgesamt 67 000 Ew.), allerdings lebendig und mit renommierter Universität. Ein gutes Restaurant, auch mit Pizza, in der Altstadt ist *Vecchia Cosenza (Via Casali 128 | Tel. 09 84 79 02 92 | So geschl. | €).* *J5*

17 SILA

Östlich von Cosenza erstrecken sich die Berg-, Wald- und Seenlandschaften der *Sila Greca,* der *Sila Grande* und der *Sila Piccola.* Sie werden mehr und mehr vom Wander- und Skitourimus erschlossen, gute Standquartiere voller Hotels sind u. a. *Camigliatello Silano, Lorica* und *San Giovanni in Fiore.* *J5*

TYRRHENISCHE KÜSTE

Am Tyrrhenischen Meer wechseln sich wilde Abschnitte mit schroffen Felshängen und helle Sandstrände ab. Tiefblaues, klares Wasser prägt die Küste, die die Griechen nach den Etruskern *(tyrrhenoi)* benannt haben.

ZIELE AN DER TYRRHENISCHEN KÜSTE

18 GOLFO DI POLICASTRO

Die Basilikata berührt bei Maratea mit einer wunderschönen Steilküste aus Riffen und Grotten das Tyrrhenische Meer: Idyllisch zwischen Felsen und duftender mediterraner Vegetation eingebettete Strandbuchten und malerische Ortschaften im Hinterland haben aus dem Golf eine feine Ferienadresse gemacht. ★ *Maratea* selbst ist ein charmanter 5000-Seelen-Ort mit einem mittelalterlichen Kern. Bei einem Spaziergang durch die Gassen und über die Plätze kannst du direkt ins Wohnzimmer der Einheimischen blicken. Im hübschen Hafen siehst du im Hochsommer elegante Yachten der Urlauber und die blauen Fischerboote der Einheimischen. Oberhalb des Zentrums liegt mit einem wunderbaren Ausblick *Maratea Superiore,* die Relikte der griechischen Kolonie, die sich hier bereits im 8. Jh. v. Chr. angesiedelt hatte.

Über dem Kiesstrand von *Acquafredda* isst du mit Blick aufs Meer auf der Terrasse des *Hotels Gabbiano (Via Luppa 24 | Tel. 09 73 87 80 75 | Mai–Okt. tgl. | hotelgabbianomaratea.it | €€€)* herrlichen Fisch. *H4*

19 COSTA DEI CEDRI

An den Golf schließt sich nach Süden die Costa dei Cedri an, eine Reihe im Hochsommer überquellender, verbauter Badeorte. Hübsche Flecken sind

Die breiten Strände von Praia a Mare bieten sportlichen wie gemütlichen Naturen Platz

Praia a Mare mit dem Grotteninselchen Isola di Dino, *Cirella* und *Diamante* mit ihren *murales,* von zeitgenössischen Künstlern bemalten Häuserwänden. Nach *Cetraro* kommen viele, um auf einem der wenigen Golfplätze des Südens zu spielen: Das Grandhotel *San Michele (Ortsteil Bosco 30 | Tel. 0 98 29 10 12 | grandhotelsanmichele.it)* verfügt über einen 9-Loch-Platz mit unwiderstehlichem Blick aufs Meer. Costa dei Cedri heißt dieser Küstenabschnitt übrigens nicht etwa wegen Zedern, sondern wegen der *cedri,* der herben Zedratzitronen, die hier wachsen – sie sind ideal für viele süditalienische Süßspeisen und auch die Grundlage für viele Parfums. *H-J 4-5*

20 TROPEA & CAPO VATICANO

Die Halbinsel bricht mit Steilküsten ins Meer: ★ Tropea (6400 Ew.) erhebt sich auf dem Felsen direkt überm Strand. Die spektakuläre Lage, ein schöner alter Kern aus Palazzi und Kirchen, die feinsandigen, gepflegten Strände und ein sauberes Meer haben die lebendige Hafenstadt samt Umgebung zur Hochburg des kalabrischen Küstentourismus gemacht – mit Hotels, Campingplätzen, vielen Sportangeboten und allabendlich belebter Altstadt.

Wohl nirgendwo sonst in Kalabrien findest du so viele unterschiedliche Strände auf so engem Raum wie um Tropea und Capo Vaticano. Direkt vor der Stadt erstreckt sich die *Marina dell'Isola.* Von Mitte Juli bis Anfang September in der Regel überfüllt, ist sie außerhalb der Hochsaison ein karibisch schöner Strand mit hellem, feinem Sand – ideal zum Baden und für romantische Sonnenuntergänge. Richtung Norden auf halbem Weg nach Briatico lockt die *Marinella di Zambrone:* ein paar wie Deko angeordnete Felsen, feiner, heller Sand in einer von grüner Natur flankierten Bucht, dazu ein türkis glitzerndes Meer. An der *Praia di Fuoco* unterhalb von Capo Vaticano könnte ein Spielfilm gedreht werden, wie Piraten in einer Bucht an Land gehen: Die von einer Felswand umwölbte Bucht beeindruckt durch ihren weißen Sand und das blaugrün schimmernde Meer.

Fisch schmeckt mit Blick aufs Meer einfach doppelt lecker: Eine tolle Aussicht auf Tropea und das Meer hast du vom Restaurant *Genius Loci (Largo Vaccari 51 | Tel. 34 55 89 64 75 | April–Okt. tgl. | Facebook | €€)* aus. Auch die Einheimischen gehen zum Essen gern ins *Al Pinturicchio (Via Dardano 8 | Tel. 09 63 60 34 52 | mittags geschl. | €–€€).* Südlich vom Capo Vaticano, in *Ricadi,* kannst du oberhalb der schönen Grotticelle-Bucht im Restaurant *Grotticelle (Via Grotticelle | Tel. 09 63 66 39 00 | Mai–Okt. tgl. | hotelgrotticelle.it | €€)* gut essen. *H–J6*

21 COSTA VIOLA

Südlich der Halbinsel von Capo Vaticano folgen *Gioia Tauro,* der größte Handelshafen Süditaliens und das für seine Schwertfischflotte bekannte *Bagnara Calabra.* Das Tyrrhenische und das Ionische Meer treffen sich in der Meerenge *Stretto di Messina* bei *Scilla.* Die starken Strömungen hier verarbeitete Homer in der Odyssee als Drachen Skylla und als Schlundungeheuer Karybdis. *J6*

REGGIO DI CALABRIA

(H7) **Vor 2500 Jahren war die Stadt unter dem Namen Rhegion Teil der Magna Graecia, noch im 19. Jh. wurde sie wegen ihrer breiten Alleen von Reisenden als kleines Paris gerühmt.**

1908 durch ein Erdbeben zerstört und heute in der Zange zwischen organisierter Kriminalität und Arbeitslosigkeit, besucht man Reggio di Calabria (183 000 Ew.) u. a. wegen der ★ *Bronzi di Riace,* zwei der schönsten antiken Bronzestatuen: zwei Krieger, intakte griechische Originale aus dem 5. Jh. v. Chr., die vermutlich auf dem Transport übers Meer mit einem Schiff untergingen. Sie wurden 1972 im Sand des Ionischen Meers vor Riace gefunden und sind im *Museo Nazionale (Piazza De Nava 26 | Di–So 9–20 Uhr | 1½ Std.)* zu bewundern.

An der schönen Meerespromenade *Lungomare Matteotti* findest du einladenden Cafés. Am ziemlich hässlich zersiedelten Küstenabschnitt von Reggio, der sich um die äußerste Stiefelspitze zieht, beeindrucken lediglich die phantastischen Ausblicke auf das nahe Sizilien (in Reggio und Villa San Giovanni starten die Fährschiffe).

RUND UM REGGIO

22 ASPROMONTE

30 km bis Pentedattilo südöstlich von Reggio/40 Min. über die SS 106

Das Hinterland Reggios bildet der Aspromonte, der zerklüftete, dicht bewaldete Ausklang des Apennins, der im Granitfelsen Monte Cocuzza

(1955 m) gipfelt. Hier verbargen sich früher die Briganten und hier versteckte die kalabrische Mafiaorganisation *'ndrangheta* ihre Entführungsopfer. Heute entdecken junge Kalabrier und Touristen mithilfe von ländlichen Ferienunterkünften und Wandertouren seine wilde, unberührte Natur, die mittlerweile als Nationalpark *(parks.it/parco.nazionale.aspromonte)* unter Naturschutz steht. Engagierte junge Einheimische begleiten auf Wanderungen durch die großartige Bergwelt, z. B. in *Bova* die *Cooperativa San Leo (Tel. 34 73 04 67 99 | coopsanleobova.it)* oder in *Pentedattilo* die *Associazione Pro Pentedattilo (Tel. 32 91 11 72 31 | pentedattilo.info).*

Die schönste Panoramafahrt über den Aspromonte führt von Bagnara Calabra an der tyrrhenischen nach Melito di Porto Salvo an die ionische Küste. 15 Autominuten von Melito di Porto Salvo den Hügel hinauf bietet das verlassene *Pentedattilo* ein beliebtes Fotomotiv. In die Höhe ragende Felsen erinnerten einst an die Hand eines Zyklopen. Doch 1783 brachte ein Erdbeben ein paar der Felsfinger zu Fall, nach denen der Ort benannt ist. Nach weiteren Felseinbrüchen siedelten die Einwohner deshalb Mitte der 1960er-Jahre in Richtung Meer nach Melito di Porto Salvo um. Jugendliche und Kulturvereine haben den bizarren Ort in den letzten Jahren wiederentdeckt, auch ein Filmfestival für Kurzfilme, zu dem jeden September internationale Kulturfreunde strömen, zieht die Aufmerksamkeit auf die pittoreske Ortschaft. *H–J 6–7*

INSIDER-TIPP
Göttliches Naturdenkmal

Spannend: Das verlassene Pentedattilo füllt sich allmählich wieder mit (kulturellem) Leben

ERLEBNIS TOUREN

Lust, die Besonderheiten der Region zu entdecken? Dann sind die Erlebnistouren genau das Richtige für dich! Ganz einfach wird es mit der MARCO POLO Touren-App: Die Tour über den QR-Code aufs Smartphone laden – und auch offline die perfekte Orientierung haben.

1 DAS ERBE DER ETRUSKER

- ➤ Etruskische Kunst und Kultur entdecken und erleben
- ➤ Picknickstopp mit Romantikgarantie am Burgstrand
- ➤ Thermalbad mit Ausblick – Entspannung pur

Start: Rom
Ziel: Rom
Strecke: ca. 400 km
Dauer: 3 Tage, reine Fahrzeit ca. 9 Stunden

Mitnehmen: Sportschuhe, zum Reiten geeignete Kleidung
Die Reitwanderung an Tag 1 unbedingt im Voraus bei der **5 Associazione Equestre Caino** buchen!

TAG 1
1 Rom
38 km 35 Min.

Deine Tour auf den Spuren der Etrusker beginnt *im Westen von* **1 Rom** ➤ S. 42: *Die Via Aurelia (SS 1) führt zur Küste hin* ins heute mittelalterlich geprägte

Nördlich von Rom gehts zu den einst prächtigen Totenstädten der Etrusker wie in Vulci

❷ **Cerveteri**. Es war unter den Etruskern eine der Städte, die dem wachsenden Einfluss Roms im 4. Jh. v. Chr. vergeblich heftigen Widerstand entgegensetzten. Ihre hochinteressante **Nekropole** liegt in einsamer Wiesenlandschaft unter Schirmpinien und Zypressen. *Zurück auf der Via Aurelia Richtung Civitavecchia* kommst du zum Badeort ❸ **Santa Severa**. Mach eine Pause am **Strand bei der Burg**: Der feine weiße Sand entspannt die Füße und lädt zu einem Picknick ein. Belegte Brötchen und Getränke dafür bekommst du im Restaurant **L'Isola del Pescatore** *(Via Cartagine 1 | im Winter Mi geschl.) keine 100 m von der Festung entfernt.*

EIN AUSRITT IN DEN TOLFABERGEN

Schlag nun die Straße ins Landesinnere (SP 3b) in die **Monti di Tolfa** *ein:* Die Fahrt führt durch eine schöne, teilweise bizarre Hügellandschaft mit mediterraner Vegetation und Wäldern. *Einen Stopp lohnt* **Tolfa** ➤ S. 50: In der ❹ **Pelletteria Artigianale Bartolozzi** *(Via Roma 75)* kannst du die rustikalen, handgefertigten Ledertaschen der *butteri*, der reitenden Hirten, erstehen. *Danach fährst du Richtung Osten weiter (Straße SP 3a)* und steuerst den Reiterhof ❺ **Associazione Equestre Caino** *(Via Braccianese Claudia 34 | Tel. 0 69 96 41 37)* bei

❷ Cerveteri
17 km 20 Min.
❸ Santa Severa
26 km 40 Min.
❹ Pelletteria Artigianale Bartolozzi
18 km 25 Min.
❺ Associazione Equestre Caino

33 km 40 Min.

6 Centro di Archeologia Sperimentale

Canale Monterano an, von dem aus du auf eine zwei- bis dreistündige Reitwanderung durch die Tolfaberge gehst. *Rund 40 Minuten Fahrt sind es danach noch bis zum* **6 Centro di Archeologia Sperimentale** *(Ortsteil Civitella Cesi | Tel. 07 61 41 50 31 | antiquitates.it | €)* bei Blera. Hier übernachtest du in nachgebauten, modern ausgestatteten Etruskerhütten.

TAG 2

31 km 35 Min.

7 Tarquinia

Am Morgen gehts nach **7 Tarquinia** ➤ S. 50, einst ebenfalls eine bedeutende Etruskerstadt: Die Gräber in der **Necropoli Etrusca** sind berühmt für ihre Wandmalereien, die von der Lebensweise der Etrusker erzählen. Geh auch ins **Museo Etrusco** im Ort, es zeigt die reichen Grabfunde. *Über die Via Aurelia gelangst du danach bis Montalto di Castro, wo du auf die SR 312 Richtung Valentano abbiegst. Nach 5,5 km zweigt links eine Straße ab,* die durch sanftes Hügelland zur zwischen Weizen-

38 km 50 Min.

feldern gelegenen Ausgrabungsstätte der Etruskerstadt ⑧ Vulci führt. Zum Mittagessen steuerst du das kleine Restaurant Casaletto Mengarelli *(Tel. 07 66 87 01 77 | Di geschl. | €)* direkt im archäologischen Park an.

⑧ Vulci

60 km 1¼ Std.

EIN THERMALBAD MITTEN IN DER NATUR

Wieder auf der SR 312, fährst du zunächst zurück Richtung Montalto di Castro, nimmst aber nach wenigen Kilometern links die SP 4 nach Tuscania. Dein Ziel ist ⑨ Viterbo ➤ S. 50, das ebenso auf die Etrusker zurückgeht, doch aus dieser Zeit sind nur die Steinquader der Dombrücke übrig. Umfangreiche Ausgrabungsfunde zeigt das Museo Archeologico. Am Abend relaxt du im Thermalbad Bagnaccio *(Strada del Garinei | Kernzeit tgl. 9.30–22 Uhr | bagnaccio.it)* mit Blick über die Landschaft. Ein einfaches, stilvolles B & B im Zentrum ist das Viterbo Antica *(bbviterboantica.com)*.

⑨ Viterbo

TAG 3

28 km 35 Min.

Heute nimmst du die alte Römerstraße Via Cassia (SR 2) gen Süden. In Vetralla biegst du auf die SS 1bis Richtung Tarquinia ab, schlägst aber nach 8,5 km rechts die Abzweigung nach ⑩ Norchia ein und erreichst so schnell die stimmungsvollen Reste dieser alten Etruskerstadt. Über in Tuffstein gehauenen Grabstätten liegen verwunschen bewachsene mittelalterliche Ruinen.

⑩ Norchia

33 km 35 Min.

ABENDESSEN IN EINER ALTEN WASSERMÜHLE

Fahr danach über die SS 1bis zurück nach Vetralla und auf die SR 2 Richtung Rom. In ⑪ Sutri ist das römische Amphitheater einen Stopp wert. *Weiter gehts anschließend auf der Via Cassia, die dich hinaufbringt nach* ⑫ Isola Farnese. Das Dorf etruskischen Ursprungs auf einer Felskuppe ist eine kleine, malerische Insel im beginnenden Ballungsgebiet der Hauptstadt. Hier isst du im idyllischen Ambiente einer alten Wassermühle des für seine lokale Küche bekannten Antico Mulino a Vejo *(Via Riserva Campetti 9 | Tel. 06 30 89 64 64 | Mo geschl. | €–€€)* zu Abend. *Später gelangst du über Alleen mit Schirmpinien und entlang der ersten Vorstädte in 45 Minuten wieder zurück nach* ① Rom.

INSIDER-TIPP
Architektonische Augenweide

⑪ Sutri

33 km 35 Min.

⑫ Isola Farnese

27 km 40 Min.

① Rom

2 AUF KÖNIGLICHEN SPUREN

- Unterwegs auf den spannenden Spuren des Stauferkaisers
- Freie Sicht in alle Richtungen über das weite Land von Apulien
- Burgen und Kastelle erklimmen

Foggia

Park Hotel La Grave

ca. 400 km

3 Tage, reine Fahrzeit ca. 9 Stunden

In der Hochsaison (Juli/August) Hotels unbedingt schon vorab buchen.

TAG 1

1 Foggia

22 km 25 Min.

2 Lucera

20 km 25 Min.

3 Troia

67 km 1¼ Std.

4 Melfi

56 km 1 Std.

5 Cefalicchio

Los gehts in der hübschen Provinzhauptstadt 1 **Foggia**. Vom einstigen Palast Friedrichs II. blieb hier nur das Portal übrig. Heute ist es in den *im Herzen der Altstadt gelegenen* **Palazzo Arpi** integriert, in dem sich das interessante **Museo Civico** *(Di–So 9–13, Di und Do auch 16–19 Uhr)* befindet. Nach einem Rundgang durch die Ausstellung *fährst du auf der SS 17 nach* 2 **Lucera**. Dort besuchst du die mittelalterliche **Festung** *(Di/Mi und Fr/Sa 9–19.45, Do und So 9–13.45 Uhr)*. Friedrich brachte darin einst seine Sarazenentruppen unter, die seinen Schatz bewachen mussten. *Nach diesem Stopp schlägst du den Weg in Richtung Melfi ein.* Er führt dich nach 3 **Troia**. Sehenswert ist die kleine Gemeinde wegen ihrer wunderschönen **Kathedrale** im apulisch-romanischen Stil. Und gegen den inzwischen sicherlich knurrenden Magen hilft ein Mittagessen in der beliebten **Osteria fra due Terre** *(Via San Leonardo 2 | Tel. 08 81 97 73 54 | Di geschl. | €–€€)*.

STAUFERBURG UND BIOHOF

Über die SR 1 und die SS 655 kommst du nach 4 **Melfi** ➤ S. 111. Als Friedrich II. die **Burg** übernahm und sie imposant ausbaute, machte er Melfi damit zu einer blühenden Stadt. Runde deinen Spaziergang durch den Ort doch mit einem leckeren Eis aus der **Pasticceria Dolce Arte** *(Via Carmine 7/9)* ab, bevor du *auf der SS 93 über Lavello zu deinem Tagesziel* **Canosa di Puglia** *fährst*. Dort baut Familie Rossi auf ihrem Hof 5 **Ce-**

falicchio *(Contrada Cefali SP 143 km 3)* aus dem 19. Jh. Olivenöl und Wein in Bioqualität an – ideale Mitbringsel! In ihrem Restaurant *(tgl. | Tel. 32 97 43 88 15 | cefalicchio.it | €)* sorgt sie auch für eine klasse Bewirtung. Übernachtet wird im dazugehörigen B & B.

ACHT ECKEN HAT MEINE BURG

An Tag 2 *fährst du nach* 6 Andria, um deine royale Spurensuche fortzusetzen: Im normannischen Dom der Stadt findest du die Gräber zweier von Friedrichs vier Ehefrauen. *20 km weiter südlich* erhebt sich über die weite Landschaft aus Rebstockzeilen und Olivenhainen die eindrucksvollste Burg des Stauferkaisers: 7 Castel del Monte ➤ S. 74, Lieblingssitz Friedrichs II., gibt bis heute viele Rätsel auf – den einzigartigen acht-

TAG 2

30 km 30 Min.

6 Andria

20 km 20 Min.

7 Castel del Monte

Gruß aus dem Mittelalter: Friedrichs wehrhafte Burg in Lucera

eckigen Bau musst du besuchen! Danach ist es Zeit für eine Mittagspause auf dem Land im 8 Il Pino Grande *(SP 234 km 20,9 Richtung Minervino Murge | Tel. 08 83 56 98 64 | Mitte Feb.–Mitte Dez. tgl. | ilpinogrande.it | €–€€)*. Hier stammen die Zutaten der Gerichte aus eigenem Bioanbau. Probier die geniale Pasta mit Trüffel!

5 km 5 Min.

8 Il Pino Grande

40 km 40 Min.

⑨ Molfetta

EIN B & B MIT MEERBLICK-TERRASSE

Über Ruvo di Puglia gehts nun an die Küste. In der Hafenstadt ⑨ **Molfetta** wartet ein normannisch-staufisches Architekturjuwel direkt am Meer: Der Dom **San Corradino** *(tgl. 9–12 und 16–20 Uhr)* gilt als einzigartiges Beispiel der romanischen Baukunst in Apulien. Auch ein Bummel durch die hübsch restaurierte **Altstadt** lohnt sich. Am Abend genießt du ein leckeres Fischgericht in der Trattoria **Dentro le Mura** *(Via Dante Alighieri 42 | Tel. 08 03 34 99 89 | Di geschl. | €)*. Ein Geheimtipp zum Übernachten ist das zentral gelegene, moderne B & B **MoMa** *(molfettamare.com)* mit Ausblick von der Terrasse aufs Meer.

TAG 3

26 km 25 Min.

⑩ Bari

48 km 40 Min.

⑪ Altamura

SCHLAFEN WIE EIN SCHLUMPF: EINE NACHT IM TRULLI-HOTEL

Am Morgen führt die Route entlang der Küste weiter. In ⑩ **Bari** ➤ S. 72 steht das mächtige **Castello Svevo**. Es ist vermutlich das am besten erhaltene Beispiel für eine von Friedrich II. „renovierte", zuvor normannische Festung. *Von Bari aus kommst du auf der SS 96 landeinwärts nach* ⑪ **Altamura**. Der Stauferkaiser baute die uralte Stadt nach ihrer Zerstörung durch die Sarazenen

1230 wieder auf. Zu dieser Zeit entstand auch die wirklich sehenswerte Kathedrale. Anschließend gibt es das Burgenfinale dieser Tour: In ⑫ Gioia del Colle darfst du dir ein letztes mächtiges Kastell nicht entgehen lassen. Danach *fährst du noch weiter bis nach* Castellana Grotte ➤ S. 76, wo du zum Abschluss im idyllisch gelegenen, in *trulli*-Bauten eingerichteten ⑬ Park Hotel La Grave *(lagrave.it)* isst und übernachtest.

33 km 30 Min.

⑫ Gioia del Colle

29 km 30 Min.

⑬ Park Hotel La Grave

③ IM WALD, IM TAL, IM MEER

- ➤ **Auf dem Pferderücken hinauf zu den Baumgiganten**
- ➤ **Picknick in der Natur nach einem Freiluft-Kletterparcours**
- ➤ **Ausflug übers Meer mit Blicken unter Wasser**

Start: Circolo Ippico Cervese
Ziel: Le Castella
Strecke: rund 100 km
Dauer: 2 Tage, reine Fahrzeit 5 Stunden
Info: Mitnehmen: Reitkleidung
Den Ausritt an Tag 1 unbedingt vorab buchen.

Tourstart ist im Dorf Cerva, das auf rund 1100 m Höhe in der großen, waldreichen Gebirgslandschaft der Sila ➤ S. 114 liegt. Vom Reiterhof ① Circolo Ippico Cervese *(Piano del Colle | Tel. 33 13 60 41 66 | maneggion*

TAG 1

① Circolo Ippico Cervese

4,2 km 20 Min..

Unzählige Burgen ließ Stauferkaiser Friedrich II. bauen – und eine Kirche: die in Altamura

line.it) aus startest du zu einem Ritt durch jahrhundertealte Kastanienwälder, deren Holz bereits die Römer für den Schiffbau nutzten. Der Weg *führt dich hinauf zu den* ❷ ★ **Giganti di Melitani**. Diese Baumriesen sind richtige Denkmäler der Natur: Die 28 m hohe, fast 13 m dicke „Himmelskastanie" etwa steht seit 400 Jahren. *Fünf Reitminuten weiter hinauf Richtung Castagno* erreichst du die herrliche Oase ❸ **Donaglie**, die für eine kleine Rast wie gemacht ist.

❷ Giganti di Melitani

1,3 km 5 Min.

❸ Donaglie

11 km 1 Std..

EIN BAD UNTERM WASSERFALL

Mit dem Auto *fährst du später auf der SS 109 Richtung Sersale.* Die Gegend hier heißt Valli Cupe und ist bekannt für ihre Naturschönheiten, darunter steile Felswände und seltene Tierarten wie die Königseule. *Wo die Straße den Fluss Crocchio kreuzt, hältst du am Parkplatz an und gehst ca. 15 Min.* zum paradiesisch schönen Wasserfall ❹ **Cascatelle del Crocchio**, der zu einer garantiert unvergesslichen natürlichen Dusche einlädt. Übernachten wirst du im idyllischen **Sersale** auf dem Bauernhof ❺ **Colle Angaro** *(colleangaro.it)*.

INSIDER-TIPP
Erfrischender Spaß!

❹ Cascatelle del Crocchio

4 km 20 Min.

❺ Colle Angaro

TAG 2

21 km 25 Min.

❻ Orme nel Parco

KLETTERSPASS UND PICKNICKSCHMAUS

Pack heute Picknickproviant ein und *nimm die SP 20 über Buturo nach Norden* zum Naturfreizeitpark ❻ **Or-**

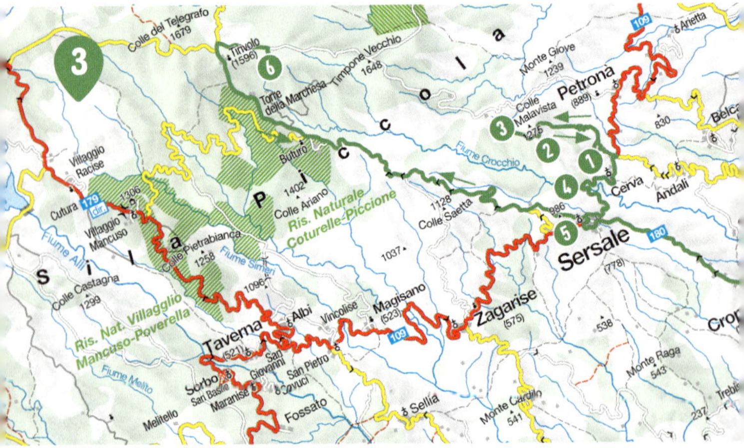

me nel Parco *(Ende April–Juni und Mitte Sept.–Okt. Sa/So, Juli–Mitte Sept. tgl. 9.30–17.30 Uhr | ormenelparco.it)* bei *Tirivolo*. Hier hangelst du dich durch einen Freiluft-Kletterparcours und lässt dir danach an einem schönen Platz dein verdientes Picknick schmecken.

Über einen Damm spaziert man zur Burg auf dem winzigen Inselchen in Le Castella

Am Nachmittag *fährst du auf der SS 180 Richtung Süden hinunter ans Meer und nimmst dann die SS 106 Richtung Osten. Dein Ziel heißt* **7 Le Castella** **➤ S. 109**. Die gesamte Küste steht hier unter Naturschutz. Einblick in die Unterwasserwelt verschafft dir das **Glasbodenboot Eranusa** *(im Hochsommer tgl. 9.15–17.15 Uhr alle 60 Min. | eranusa.it)*, das *vom Porto dei Pescherecci oder von der Darsena* zu einstündigen Touren inklusive Badestopp ablegt. Im Abendlicht genießt du später den Blick vom **Ristorante Micomare** *(Via Vittoria 7 | Tel. 09 62 79 50 82 | Okt.–März Mo geschl. | ristorantemicomare.it | €€)* auf die einmalig schön im glitzernden Meer liegende Aragoneserburg des Orts, bevor du dich im hübschen B&B **Le Castella** *(infolecastella@gmail.com)* ins Bett fallen lässt.

60 km 1 Std.

7 Le Castella

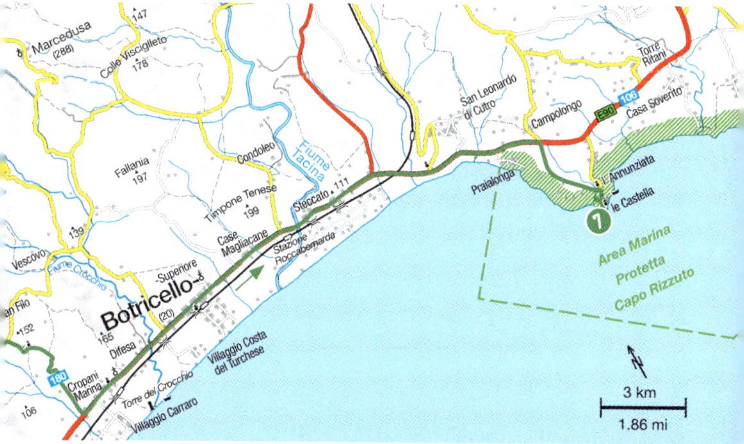

GUT ZU WISSEN

DIE BASICS FÜR DEINEN URLAUB

ANKOMMEN

ANREISE

Internationale Flughäfen in Süditalien sind Rom, Neapel, Bari, Pescara, Brindisi, Lamezia Terme und Reggio di Calabria. Sie werden von vielen deutschen Flughäfen sowie von Wien und Zürich direkt oder mit Zwischenstopp in Mailand bzw. Rom angeflogen.

Die Autofahrt bis hinunter in die Stiefelspitze kann sehr lang werden: z. B. von Mailand nach Bari knapp 900 km, nach Neapel knapp 800, nach Reggio di Calabria knapp 1300 km. Die italienischen Autobahnen sind bis auf einige Abschnitte im Süden mautpflichtig – vom Brenner bzw. von Como bis an die südliche Adria oder zur Amalfiküste musst du mit Gebühren von rund 65 Euro rechnen. Die italienischen Autobahngebühren kannst du auf *autostrade.it* ausrechnen lassen. Die A2 von Salerno nach Reggio di Calabria ist mautfrei und fast durchweg dreispurig ausgebaut.

Mit dem Zug bis hinunter in den Süden bedeutet mindestens einmal umsteigen, z. B. in Mailand oder in Rom. Platz-, Liege- und Schlafwagenkarten in der Hauptreisezeit solltest du frühzeitig reservieren. *bahn.de, trenitalia.com*

Immer beliebter wird die Anreise mit dem Fernbus. Mehrere Anbieter bringen dich in den Süden Italiens: *flixbus.de, eurolines.de, fernbusse.de*

INFORMATIVE WEBSITES

(Süd-)Italienportale mit allgemeinen Reise-, Lese- und Linktipps: *enit.de, italien-aktiv.info, ratgeber-italien.de, initaly.de, emmeti.it.* Museen und archäologische Stätten in Italien: *musei online.it,* Natur- und Nationalparks: *parks.it,* das Wetter: *meteo.it, tempo italia.it*

Lass das Auto auch mal stehen, vor allem beim Stadtausflug: So leer sind die Straßen nur selten

WEITER-KOMMEN

AUTO

Vorgeschrieben sind Führerschein und Fahrzeugschein, empfohlen wird die grüne Versicherungskarte. In Ortschaften beträgt die Höchstgeschwindigkeit 50, ansonsten 90, auf Autobahnen *(autostrada)* 130 km/h, auf einigen dreispurigen Abschnitten 150 km/h. Außerhalb von Ortschaften muss auch am Tag mit Abblendlicht gefahren werden. Die Promillegrenze liegt bei 0,5. Bei Unfall oder Panne muss außerorts beim Verlassen des Wagens eine Warnweste angelegt werden.

Tankstellen sind montags bis samstags meist von 7.30 bis 13 und von 15 bis 19 Uhr geöffnet, sonntags nur vereinzelt, doch immer mehr Tankstellen haben Tankautomaten. An den Autobahnen haben sie rund um die Uhr geöffnet. In größeren Städten und während der Hochsaison in den Touristenzentren ist das Parken eine zeitraubende und kostspielige Angelegenheit. Zum Tagesausflug in Städte wie Neapel, Salerno, Bari solltest du mit dem Zug fahren oder den Wagen auf einem bewachten Parkplatz abstellen. Ein großes Problem ist das Autofahren und vor allem das Parken in der Saison und am Wochenende an der Amalfiküste; für Campingwagen und Caravans ist die enge Küstenstraße Amalfitana von April bis Oktober gesperrt.

MIETWAGEN

Mietwagenvertretungen gibt es in größeren Städten, an den Flughäfen und großen Bahnhöfen sowie in einigen Touristenzentren. Ratsam ist es, ein Auto bei einer internationalen Vertretung zu wählen. Ein Kleinwagen kostet pro Tag ca. 80 Euro. Günstiger ist der Wochenendtarif, z. B. drei Tage um 110 Euro. Am günstigsten sind Wochentarife um rund 270 Euro, jedoch teilweise mit Kilometerlimit. Um Ostern und von Mai bis September ziehen die Preise deutlich an. Billiger wird es nur, wenn du weit im Voraus bzw. online (dann z. T. schon ab 30 Euro/Tag) über eines der großen Mietwagenportale buchst, z. B. *billiger-mietwagen.de*.

ÖFFENTLICHE VERKEHRSMITTEL

Bahnfahren ist in Italien immer noch relativ preiswert, zumindest die Lokal- und Regionalverbindungen – nicht jedoch die nationalen Hochgeschwindigkeitszüge Frecciarossa. Den Fahrplan *(orario ferroviario)* sowie eine Verbindungssuche findest du in den Bahnhöfen oder unter *trenitalia.com* (auch auf Deutsch). Vor dem Besteigen des Zugs muss man die Fahrkarte und, wenn getrennt, auch den Zuschlag in den Automaten entwerten, die in der Bahnhofshalle vor den Bahnsteigzugängen stehen.

Die Städte haben dichte Busnetze (Rom und Neapel dazu auch ein paar Metro- und Straßenbahnstrecken), Nachbarstädte und Dörfer sind auch mit Überlandbussen zu erreichen. *italybus.it, orariautobus.it*

IM URLAUB

FEIERTAGE

1. Jan.	*Capodanno* (Neujahr)
6. Jan.	*Epifania* (Hl. Drei Könige)
März/April	*Pasquetta* (Ostermontag)
25. April	*Liberazione* (Befreiung vom Faschismus)
1. Mai	*Festa del Lavoro* (Tag der Arbeit)
2. Juni	*Festa della Repubblica* (Tag der Republik)
15. Aug.	*Ferragosto* (Mariä Himmelfahrt)
1. Nov.	*Ognissanti* (Allerheiligen)
8. Dez.	*Immacolata Concezione* (Mariä Empfängnis)
25. Dez.	*Natale* (Weihnachten)
26. Dez.	*Santo Stefano* (Zweiter Weihnachtsfeiertag)

GELD & KREDITKARTEN

Geldautomaten *(bancomat)* sind flächendeckend vorhanden. In nahezu allen Restaurants und Hotels, in besseren Geschäften, an Tankstellen und bei Autovermietungen sind Kreditkarten Standard.

INTERNETZUGANG & WLAN

In immer mehr Städten und Ortschaften im Süden setzt sich kostenloses WLAN – auf Italienisch *wifi* – durch. Meist wird es auf öffentlichen Plätzen in der Nähe des Rathauses angeboten; aufmerksam darauf machen WLAN-Schilder. Auch die meisten Hotels, B & Bs, Bars und Restaurants bieten WLAN-Service mit Passwort an.

ÖFFNUNGSZEITEN

Die Öffnungszeiten der großen staatlichen Museen sind recht besucherfreundlich. Fast alle haben über Mittag geöffnet und im Sommer öffnen manche sogar bis spät in den Abend. In diesem Band ist für Museen und ähnliche Einrichtungen stets die Schließzeit angegeben, Kassenschluss

FESTE & EVENTS

RUND UMS JAHR

OSTERN

Karfreitagsprozession (Procida)
Ostermontagsprozession (Pomigliano d'Arco)

MAI

Maggio dei Monumenti (Neapel), *comune.napoli.it:* Kulturveranstaltungen
Festa dei Serpari (Cocullo): Schlangenritual zu Ehren des Schutzheiligen gegen Schlangenbisse (Foto)
Prozession San Nicola (Bari)
Cavalcata dei Turchi (Potenza): Reiterfest in Kostümen

JUNI

Festa dei Gigli (Nola), *short.travel/its27:* Acht riesige „Türme" tanzen durch die Stadt
L'Infiorata (Genzano): Fronleichnamsprozession
Napoli Teatro Festival (Neapel), *napoliteatrofestival.it*
Festival della Valle d'Itria (Martina Franca), *festivaldellavalleditria.it:* Musikfestspiele

JULI

Madonna della Bruna (Matera), *festadellabruna.it:* spektakuläre Prozession

JULI/AUGUST

Locomotive Jazz Festival (Lecce), *locomotivejazzfestival.it*
Pescara Jazz (Pescara), *pescarajazz.com*
La Notte della Taranta (Melpignano), *lanottedellataranta.it:* größtes Festival traditioneller Musik Europas

AUGUST

Ferragosto (landesweit): Schlemmerfeste, Konzerte, Feuerwerke

JULI–SEPTEMBER

Pomigliano Jazz (Pomigliano d'Arco), *pomiglianojazz.com*

SEPTEMBER

Macchina di Santa Rosa (Viterbo) Auf den Schultern von 120 Männern wird ein 30 m hoher Obelisk durch die Altstadt getragen
Sagra a Mare (Molfetta) Bootsfest

ist meistens eine bis anderthalb Stunden früher. Streiks und Mitarbeiterversammlungen sind in Italien nach wie vor an der Tagesordnung. Bevor du ein Museum oder eine andere Sehenswürdigkeit besuchst, ist es immer ratsam, auf der Website oder auf Facebook vorab die Öffnungszeiten zu überprüfen. Streiks *(sciopero)* werden dort meist angekündigt. Viele Kirchen schließen in der Mittagszeit zwischen 12 und 16 Uhr.

Lebensmittelgeschäfte sind werktags meist von 8.30 bis 13 und von 17 bis 19.30 Uhr geöffnet, alle anderen Läden öffnen gewöhnlich von 8.30 oder 9 bis 12.30 und von 15.30 bis 19.30 Uhr. An einem Nachmittag in der Woche sind alle Geschäfte geschlossen. In Badeorten bleiben die Geschäfte in der Hochsaison bis spät in den Abend offen. Viele staatliche Museen haben am 1. Januar, 25. April und 1. Mai geschlossen.

POST

Postämter sind im Allgemeinen nur vormittags geöffnet. Das Porto für einen Brief oder eine Postkarte ins EU-Ausland und die Schweiz betrug bei Redaktionsschluss 1,15 Euro.

PREISE

Die Eintrittspreise in die Museen variieren zwischen 3 und (im Extremfall) 17 Euro (Vatikanische Museen in Rom). Bei bedeutenden Museen können Eintrittskarten online erworben werden, zum Teil auch solche, die das Schlangestehen ersparen *(salta la fila)*. Erkundige dich in den großen Städten wie Neapel *(campaniartecard.it)* und Rom *(romapass.it)* nach Rabattkarten, die freien Eintritt zu Museen sowie die Gratisnutzung öffentlicher Verkehrsmittel gewähren. Die staatlichen Museen *(musei nazionali)* sind für EU-Bürger bis 18 gratis, von 18 bis 25 Jahren zum halben Preis zugänglich.

Vorsicht: An touristischen Hotspots wie Roms Piazza Navona wird der Kaffee zum Luxusgut

An jedem ersten Sonntag im Monat ist der Eintritt in alle staatlichen Museen und Archäologieparks frei. Informationen zu den Häusern gibt es unter *short.travel/its23*.

An der Theke in der Bar kostet der Cappuccino maximal 2,50 Euro, wer ihn am Tischchen sitzend trinkt, muss mit einem deutlichen Aufschlag rechnen. Sitzt du allerdings an berühmten oder besonders touristischen Plätzen, kann die Tasse doppelt oder dreimal so teuer werden. Öffentliche Verkehrsmittel sind preiswert: Eine einfache Buskarte kostet zwischen 1,10 und 1,70 Euro, für die Bahnfahrkarte zahlst du ungefähr ein Drittel weniger als in Mitteleuropa. Teuer sind Diskotheken, vor allem in exklusiven Badeorten: Der Eintritt kostet meist ab 20 Euro aufwärts.

WAS KOSTET WIE VIEL?

Cappuccino	um 1,50 Euro *für eine Tasse am Tresen*
Eis	ab 2 Euro *für eine große Kugel*
Wein	ab 3 Euro *für ein Glas (0,2 l)*
Eintritt	um 16 Euro *für wichtige Sehenswürdigkeiten wie Pompeji*
Benzin	um 1,55 Euro *für 1 l Super 95*
Strand	8–30 Euro *Miete für Liegestuhl und Sonnenschirm*

TELEFON & HANDY

Vorwahlen: Italien *0039*, Deutschland *0049*, Österreich *0043*, Schweiz *0041*.

Innerhalb Italiens gibt es keine Vorwahl, es muss immer die komplette Nummer gewählt und auch bei Anrufen aus dem Ausland die Null am Beginn der Nummer mitgewählt werden. Das italienische Mobilfunknetz ist nach GSM- und UMTS-Standard aufgebaut. Das eigene Handy *(telefonino* bzw. *cellulare)* wählt sich problemlos ein.

TRINKGELD

Trinkgeld (ca. fünf bis zehn Prozent) bekommen nette Kellnerinnen und Kellner in Restaurants und Cafés und natürlich Zimmermädchen, Kofferträger usw. Sie sind darauf angewiesen, ihr Lohn ist oft skandalös niedrig.

UNTERKUNFT

Auch in Süditalien bieten immer mehr *agriturismo*-Höfe Zimmer, Ferienwohnungen und Stellplätze für Campingmobile und Zelte an, die Spanne reicht von preiswert bis luxuriös. Infos erhältst du in den Fremdenverkehrsämtern und auf Websites wie *agriturist.it* oder *agriturismo.it.*

Bed & Breakfast gibt es überall, begünstigt durch das Internet als Vermittlungsforum, z. B. *bbitalia.it, bed-and-breakfast-italien.com, ecobnb.com* oder *anbba.it.*

Campingplätze finden sich überall in den Küstengebieten und bei touristisch interessanten Städten. Infos im Internet unter *camping.it, campeggitalia.com* oder *allcamps.it.* Wildes Camping ist in Italien verboten und gefährlich.

In Ferienhotels an der Küste kann man in der Hochsaison oft nur bei mindestens drei Tagen Aufenthalt fündig werden und häufig ist dann auch noch die Buchung von Halb- oder gar Vollpension obligatorisch. Zwischen November und März ist es dafür genau umgekehrt: Man findet mehr oder weniger geschlossene Ferienorte vor. Natürlich gibt es auch dann geöffnete Hotels, aber du musst sie suchen und sie liegen meist in den Ortschaften im Hinterland. Wer flexibler und preiswerter reisen möchte, sollte sich in der Nebensaison auf den Weg machen oder Unterkunft im Landesinneren suchen. Interessante Unterkünfte abseits der standardisierten Kettenhotels, etwa historische Gebäude, finden sich auf *residenzedepoca.it.*

Sehr angesagt sind seit einigen Jahren sogenannte *alberghi diffusi* („verstreute Hotels"), eine neue, originelle Form der Übernachtung: Angeboten

WETTER IN BARI

	JAN.	FEB.	MÄRZ	APRIL	MAI	JUNI	JULI	AUG.	SEPT.	OKT.	NOV.	DEZ.
Tagestemperaturen	12°	12°	14°	18°	22°	26°	28°	28°	26°	21°	17°	13°
Nachttemperaturen	6°	6°	8°	11°	14°	19°	21°	21°	19°	15°	11°	7°
Sonnenschein Stunden/Tag	4	5	6	8	10	11	11	11	9	7	5	3
Niederschlag Tage/Monat	8	7	6	5	4	3	1	3	4	7	8	9
Wassertemperatur in °C	13	12	13	14	17	21	23	24	22	19	16	14

Sonnenschein Stunden/Tag · Niederschlag Tage/Monat · Wassertemperatur in °C werden Zimmer mit dem üblichen Hotelservice, nur dass diese sich nicht in einem einzigen Haus befinden, sondern in unterschiedlichen historischen Gebäuden oft im ganzen Dorf verstreut sind. Ideal für Individualreisende, die unter Einheimischen in authentischer Kulisse wohnen möchten. Besonders bekannt sind das *albergo diffuso* von Santo Stefano di Sessanio *(sextantio.it)* in den Abruzzen, wo ein Architekt 32 beeindruckende Hotelzimmer in unterschiedlichen Gebäuden schuf, und das auf zehn historische Apartments im Ort verteilte Hotel in Morano Calabro *(short.travel/its19)*.

INSIDER-TIPP
Hotel mal anders

Jugendherbergen heißen in Italien *Ostelli della Gioventù*. Auskunft: *Associazione Italiana Alberghi per la Gioventù (Tel. 06 98 26 14 62 | aighostels.it)*

ZOLL

Innerhalb der EU dürfen Waren für den persönlichen Bedarf zollfrei ein- und ausgeführt werden. Richtwerte hierfür sind u. a. 800 Zigaretten und 10 l Spirituosen. Für Schweizer gelten stark eingeschränkte Freimengen, u. a. 250 Zigaretten, 1 l Spirituosen, 5 l Wein.

NOTFÄLLE

DIPLOMATISCHE VERTRETUNGEN

- *Deutsche Botschaft: Via San Martino della Battaglia 4 | Rom | Tel. 06 49 21 32 08 | rom.diplo.de*
- *Österreichische Botschaft: Via Pergolesi 3 | Rom | Tel. 06 84 40 14 1 | bmeia.gv.at*
- *Schweizerische Botschaft: Via Barnaba Oriani 61 | Rom | Tel. 06 80 95 71 | eda.admin.ch/roma*

GRÜN & FAIR REISEN

Du willst beim Reisen deine CO_2-Bilanz im Hinterkopf behalten? Dann kannst du deine Emissionen kompensieren *(atmosfair.de; myclimate.org)*, deine Route umweltgerecht planen *(routerank.com)* oder auf Natur und Kultur *(gate-tourismus.de)* achten. Mehr über ökologischen Tourismus erfährst du hier: *oete.de* (europaweit); *germanwatch.org* (weltweit).

GESUNDHEIT

In akuten Fällen wendest du dich an die Notaufnahme *(pronto soccorso)* der Krankenhäuser oder fragst im Hotel oder in einer Apotheke *(farmacia)* nach dem notärztlichen Dienst *(guardia medica)*. Mit der Europäischen Versicherungskarte (EHIC, Rückseite der Versichertenkarte) wirst du in der Regel kostenlos behandelt. Anderenfalls reichst du Auslagen deiner Kasse zu Hause zur Erstattung ein.

NOTRUF

Polizei und Unfallrettung: *Tel. 112*. Der italienische Automobilclub ACI leistet kostenpflichtig Pannenhilfe rund um die Uhr: Tel. *80 31 16*, mobil *Tel. 800 11 68 00* bzw. Notrufsäulen an den Autobahnen.

SPICKZETTEL ITALIENISCH

SMALLTALK

Ein Akzent steht im Italienischen nur, wenn die letzte Silbe betont wird. Ansonsten haben wir die Betonung durch einen Punkt unter dem betonten Vokal angegeben.

ja/nein/vielleicht	**sì/no/fọrse**
bitte/danke	**per favọre/grạzie**
Entschuldige!/Entschuldigen Sie!	**Scụsa!/Scụsi!**
Wie bitte?	**Cọme dịce?/Prẹgo?**
Gute(n) Morgen!/Tag!/Abend!/Nacht!	**Buọn giọrno!/Buọn giọrno!/Buọna sẹra!/Buọna nọtte!**
Hallo!/Tschüss!/Auf Wiedersehen!	**Cịao!/Cịao!/Arrivedẹrci!**
Ich heiße …	**Mi chịamo …**
Wie heißen Sie?/Wie heißt du?	**Cọme si chịama?/Cọme ti chịami?**
Ich möchte …/Haben Sie …?	**Vorrẹi …/Avẹte …?**
Das gefällt mir (nicht).	**(Non) mi pịace.**
gut/schlecht	**buọno/cattịvo**

ZEIGEBILDER

ESSEN & TRINKEN

Die Speisekarte, bitte.	Il menù, per favọre.
Flasche/Karaffe/Glas	bottịglia/carạffa/bicchiẹre
Messer/Gabel/Löffel	coltẹllo/forchẹtta/cucchiạio
Salz/Pfeffer/Zucker	sạle/pẹpe/zụcchero
Essig/Öl/Milch/Sahne/Zitrone	acẹto/ọlio/lạtte/pạnna/limọne
mit/ohne Eis/Kohlensäure	con/sẹnza ghiạccio/gas
kalt/versalzen/nicht gar	frẹddo/trọppo salạto/non cọtto
Vegetarier(in)/Allergie	vegetariạno/vegetariạna/allergịa
Ich möchte zahlen, bitte.	Vorrẹi pagạre, per favọre.
Rechnung/Quittung/Trinkgeld	cọnto/ricevụta/mạncia
bar/Kreditkarte	in contạnti/cạrta di crẹdito

NÜTZLICHES

Wo finde ich …?	Dọve pọsso trovạre ...?
links/rechts/geradeaus	sinịstra/dẹstra/drịtto
Wie viel Uhr ist es?	Che ọra è? Che ọre sọno?
Es ist drei Uhr./Es ist halb vier.	Sọno le tre./Sọno le tre e mẹzza.
heute/morgen/gestern	ọggi/domạni/iẹri
Wie viel kostet …?	Quạnto cọsta ...?
zu viel/viel/wenig/alles/nichts	trọppo/mọlto/pọco/tụtto/niẹnte
teuer/billig/Preis	cạro/econọmico/prẹzzo
Wo finde ich einen Internetzugang/ WLAN?	Dọve trọvo un accẹsso ịnternet/ wi-fi?
offen/geschlossen	apẹrto/chiụso
kaputt/funktioniert nicht	guạsto/non funziọna
Panne/Werkstatt	guạsto/officịna
Fahrplan/Fahrschein	orạrio/bigliẹtto
Zug/Gleis/Bahnsteig	trẹno/binạrio/banchịna
Hilfe!/Achtung!/Vorsicht!	Aiụto!/Attenziọne!/Prudẹnza!
Verbot/verboten/Gefahr/gefährlich	diviẹto/vietạto/perịcolo/ pericolọso
Apotheke	farmacịa
Fieber/Schmerzen	fẹbbre/dolọri
0/1/2/3/4/5/6/7/8/9/10/ 100/1000	zẹro/ụno/dụe/tre/quạttro/cịnque / sẹi/sẹtte/ọtto/nọve/diẹci/cẹnto/ mịlle

URLAUBS FEELING

ZUM EINSTIMMEN & AUSKLINGEN

LESESTOFF & FILMFUTTER

DIE LEBENSHUNGRIGEN
Nach Gomorrha (dieser Thriller-Bestseller zu Neapels Camorra wurde auch verfilmt) zeichnet Roberto Saviano mit diesem Roman von 2019 ein erschütterndes Bild der jungen Clanmitglieder.

ZEMENTFASERN
Mario Desiatis dichter Roman von 2011 spielt in Apulien und gibt den Emigranten und ihren Nachfahren die Würde wieder.

MEINE GENIALE FREUNDIN
2011 erschien der erste Teil der vierbändigen neapolitanischen Saga von Elena Ferrante, die die miteinander verwobenen Schicksale zweier Frauen erzählt und neugierig auf Neapel macht.

WILLKOMMEN IM SÜDEN
Luca Minieros bunte Komödie von 2011, in der der Norden Italiens mit dem Süden konfrontiert wird, spart kein Klischee aus – und macht richtig Lust auf eine Reise nach Süditalien.

ROM – LIEBLINGSORTE
Der Korrespondent Stefan Ulrich führt dich zu seinen Lieblingsplätzen. Eine Lektüre von 2016, die inspiriert und Historisches preisgibt.

PLAYLIST QUERBEET

0:58

II TERRONI UNITI – GENTE DO SUD
30 namhafte Musiker bilden diese Süditalienkombo, um gegen Rassismus anzusingen

▶ ANTONELLO VENDITTI – ROMA ROMA ROMA
Die Vereinshymne des AS Rom

▶ IL VOLO – O SOLE MIO
Junges Tenor-Bariton-Trio, das den Klassiker aufleben lässt

▶ NEGRAMARO – MERAVIGLIOSO
Die Kultband aus dem Salento feiert das Leben

▶ NUOVA COMPAGNIA DI CANTO POPOLARE – TAMMURRIATA NERA
Rhythmisches Volkslied mit Tanzpotenzial

▶ TAMBURELLISTI DI TORREPADULI – PIZZICA
Apulische Tarantella zum ekstatischen Mittanzen

Den Soundtrack zum Urlaub gibt's auf **Spotify** unter **MARCO POLO Italy**

Oder Code mit Spotify-App scannen

AB INS NETZ

SHORT.TRAVEL/GOLF16
Geh auf Zeitreise mit dieser virtuellen Rekonstruktion der 79 n. Chr. verschütteten Vesuvstadt Pompeji.

PASTA GRANNIES
Die Nudeln kochenden Großmütter, die die Engländerin Vicky Bennison für ihren Youtube-Kanal besucht, machen richtig Appetit!

MAFIANEINDANKE.DE
In Deutschland lebende Italienerinnen und Italiener haben dieses Netzwerk gegründet, um in ihrer zweiten Heimat über diese Form der organisierten Kriminalität zu informieren und dagegen zu kämpfen.

MY WAY
Die kostenlose App (auf Italienisch) der Autobahnbetriebe zeigt den Verkehr in unmittelbarer Nähe sowie Sehenswürdigkeiten in der Umgebung.

SHORT.TRAVEL/ITS8
Dieses Video zeigt Neapel; das Lied dazu, „Napul'è" von Lokalmatador Pino Daniele, das echte Neapolitaner auswendig kennen, hat Kultstatus.

TRAVEL PURSUIT

DAS MARCO POLO URLAUBSQUIZ

Weißt du, wie Süditalien tickt? Teste hier dein Wissen über die kleinen Geheimnisse und Eigenheiten von Land und Leuten. Die Lösungen findest du in der Fußzeile. Und ganz ausführlich auf den S. 18–23.

❶ Aus welcher Schale wurde im 18. Jh. das erste Parfum hergestellt?
a) Zedratzitrone aus Apulien
b) Kalabrische Bergamotte
c) Amalfizitrone

❷ Wer in der Bar einen *caffè ristretto* bestellt, bekommt ...
a) ... einen konzentrierten Espresso mit weniger Wasser
b) ... Espresso mit einem Schuss Grappa
c) ... einen doppelten Espresso

❸ Welche Sprachen werden in einigen Gegenden Süditaliens heute noch gesprochen?
a) Latein und Etruskisch
b) Frankoprovenzalisch und Ladinisch
c) Albanisch und Griechisch

❹ Wofür ist die Musik von Pino Daniele bekannt?
a) Für seine Einsprengsel klassischer Musik
b) Für die Verwendung von Motiven der Tarantellamusik des Salento
c) Für die Verschmelzung von Blues, Rock und neapolitanischer Volksmusik

❺ Wer ist Riccardo Muti?
a) Einer der bekanntesten Dirigenten aus Süditalien
b) Ein Literaturprofessor, der unter dem Pseudonym Elena Ferrante die Romanserie „Meine geniale Freundin" veröffentlichte
c) Der bisher einzige Fußballer aus der kleinen Region Molise, der je ins italienische Nationalteam berufen wurde

Lösungen: 1b, 2a, 3c, 4c, 5a, 6c, 7c, 8c, 9a, 10b, 11a, 12c

Achtung, Spoiler – erst nach dem Quiz lesen: Hier siehst du eine Bergamotte

❻ Wer oder was trägt den Namen Italus?

a) Der Hochgeschwindigkeitszug von Rom nach Reggio di Calabria
b) Stauferkaiser Friedrich II., der das apulische Castel del Monte bauen ließ
c) Ein über 1000 Jahre alter Nadelbaum im kalabrischen Pollinogebirge

❼ Zwei DOP- bzw. IGP-Spezialitäten aus Kalabrien sind ...

a) Altamura-Linsen und Pasta aus Gragnano
b) Orecchiette-Nudeln und der Magenbitter La Strega
c) Lakritz und Tropea-Zwiebeln

❽ Wer war Padre Pio?

a) Ein kultisch verehrter Priester aus einem neapolitanischen Armenviertel
b) Eine in ganz Süditalien geliebte Figur aus einer italienischen Soap
c) Ein 1968 gestorbener Wunderheiler aus Apulien

❾ Was ist Pizzo?

a) Schutzgeld, das die organisierte Kriminalität einfordert
b) Eine glutenfreie Pizza
c) Ein pikantes kalabrisches Salzgebäck

❿ Eine Tarantella ist ...

a)... eine nur in den Abruzzen vorkommende Spinnenart
b)... ein süditalienischer Volkstanz
c)... eine kalabrische Süßspeise

⓫ Wo muss ein *mozzarella di bufala* mit dem Gütesiegel DOP hergestellt worden sein?

a) Im Cilento in Kampanien
b) Im Aspromonte in Kalabrien
c) Im nördlichen Latium

⓬ Wie heißt die kalabrische Mafia?

a) Sacra Corona Unita
b) Camorra
c) 'ndrangheta

REGISTER

LOB ODER KRITIK? WIR FREUEN UNS AUF DEINE NACHRICHT!

Trotz gründlicher Recherche schleichen sich manchmal Fehler ein. Wir hoffen, du hast Verständnis, dass der Verlag dafür keine Haftung übernehmen kann.

MARCO POLO Redaktion • MAIRDUMONT • Postfach 31 51
73751 Ostfildern • info@marcopolo.de

Impressum
Titelbild: Scilla an der Costa Viola in Kalabrien (AWL Images: K. Kreder)
Fotos: P. Amann (115); huber-images: M. Ardunio (138/139), P. Canali (6/7), A. Capone (107, 131), F. Carassale (27), F. Cogoli (90), G. Cozzi (2/3), G. Croppi (8), L. Da Ros (9), H.-G. Eiben (43), G. Filippini (64), S. Kremer (44/45, 80/81, 98), U. Mellone (112), M. Rosicarelli (26), A. Saffo (32/33, 108/109), G. Simeone (71); iStock: F. Cantone (57); iStock/alkir (10); iStock/barmalini (140/141); iStock/fotograv (31); iStock/Gim42 (54); iStock/mikolajn (Klappe hinten); iStock/ROMAOSLO (Klappe vorne außen, Klappe vorne innen, 1); iStock/Rrrainbow (12/13); iStock/SolStock (24/25); Laif: Celentano (68), M. Gumm (72), N. Hannes (94); Laif/Contrasto: S. dal Pozzolo (75, 123); Lookphotos/age fotostock (11, 87); Lookphotos/robertharding (97); mauritius images/age fotostock/Clickalps SRLs (102/103); mauritius images/Alamy: M. Bassett (85), G. Di Bisceglie (100/101), G. Gagliardi (127), S. Ravera (53), I. Vdovin (51); mauritius images/Alamy/ASK Images (49); mauritius images/Alamy/Realy Easy Star (19); mauritius images/ClickAlps (128/129); mauritius images/ib: Kutter (48); mauritius images/imageBROKER: N. Eisele-Hein (35); mauritius images/John Warburton-Lee: N. Eisele-Hein (63), F. Iacobelli (78/79); mauritius images/nature picture library: P. Harcourt Davies (14/15); mauritius images/robertharding: P. Barritt (93); mauritius images/Travel Collection: K. Bossemeyer (38/39); mauritius images/Westend61: L. Mattei (58/59); Shutterstock: A. Bertucci (117), P. Pawel (132/133), B. Stroujko (23), M. Uspenskaya (30/31), P. Video (110); Shutterstock/Ibrix (125); Shutterstock/Ragemax (118/119); Shutterstock/TTL media (66/67); S. Sonnentag (143); T. Stankiewicz (77); M. Thomas (20)

11. Auflage 2021, komplett überarbeitet und neu gestaltet

Autorinnen: Bettina Dürr, Stefanie Sonnentag; Redaktion: Nikolai Michaelis; Bildredaktion: Veronika Plajer
Kartografie: © MAIRDUMONT, Ostfildern (S. 36–37, 120, 124, 126–127, Umschlag außen, Faltkarte); © MAIRDUMONT, Ostfildern, unter Verwendung von Kartendaten von OpenStreetMap, Lizenz CC-BY-SA 2.0 (S. 40–41, 47, 60–61, 82–83, 88, 104–105)
Gestaltung Cover, Umschlag und Faltkartencover: bilekjaeger_Kreativagentur mit Zukunftswerkstatt, Stuttgart
Gestaltung Innenlayout: Langenstein Communication GmbH, Ludwigsburg
Spickzettel: in Zusammenarbeit mit PONS GmbH, Stuttgart
Texte hintere Umschlagklappe: Lucia Rojas
Konzept Coverlines: Jutta Metzler, bessere-texte.de

Printed in Poland

FSC www.fsc.org MIX Paper from responsible sources FSC® C018236

MARCO POLO AUTORIN
STEFANIE SONNENTAG
„Im Süden des Stiefels gibt es Italien pur", schwärmt die promovierte Kunsthistorikerin. „Hier finde ich immer wieder aufs Neue das echte Italien, das Ursprüngliche, das sich auch in den Begegnungen mit den ausgesprochen offenen und warmherzigen Menschen zeigt." Die Autorin lebt in Neapel und schreibt seit mehr als 20 Jahren mit Blick auf den Vesuv für deutsche Medien.

BLOSS NICHT!

FETTNÄPFCHEN UND REINFÄLLE VERMEIDEN

AUF DER STRASSE ESSEN

In der Altstadt von Rom gibt es eine gesalzene Strafe (bis zu 500 Euro!) für alle, die auf der Straße essen oder trinken und es sei es auch nur Street Food. Ziel: Die Hauptstadt soll sauber bleiben. Andere Städte wollen nachziehen.

UNGEDULDIG WERDEN

Du wirst im Süden einem anderen Zeitgefühl begegnen. Das kann dazu führen, dass du oft scheinbar sinnlos warten musst. Dafür haben die Leute aber auch mehr Zeit, was zu netten Begegnungen und manchmal fast wundersamen Lösungen führen kann.

SICH BEKLAUEN LASSEN

In Touristenzentren und an Stränden solltest du vor Autoknackern und Taschendieben auf der Hut sein. Besondere Vorsicht ist in öffentlichen Verkehrsmitteln und im Gewimmel der Märkte geboten. Beim Stadtbummel trägt man die Handtasche quer über die Brust und nie zur Straßenseite. Das geparkte Auto sollte leer oder das Gepäck im abgeschlossenen Kofferraum verstaut sein.

OHNE PREISABSPRACHE

In manchen Fällen tust du in Italien gut daran, vorher nach dem Preis zu fragen, z. B. wenn du im Restaurant Fisch bestellst, der häufig nach Gewicht berechnet wird, sein Preis auf der Speisekarte also pro 100 g *(etto)* angegeben ist: Frag, auf wie viel sich eine Portion summiert!

ÜBERALL BETRÜGEREI UND SCHWINDEL VERMUTEN

Beim Besuch von Mittelmeerländern sind oft ziemlich übertriebene Ängste vor Dieben und Betrügern im Spiel, das ist aber eigentlich unbegründet. Die Süditaliener sind ein ausgesprochen herzliches und hilfsbereites Volk, sofern du ihnen Respekt entgegenbringst.

ITALIEN SÜD
INSIDER-TIPP
Deine Abkürzung ins Erleben!
Reisen mit MARCO POLO Insider-Tipps

MARCO POLO TOP-HIGHLIGHTS

FORUM ROMANUM IN ROM 1

Das Zentrum des einst riesigen Weltreichs.

➤ S. 43, Rom & Latium

SIXTINISCHE KAPELLE IM VATIKAN 2

Michelangelo war der Größte, diese Fresken sind das Meisterwerk des Renaissancekünstlers.

➤ S. 45, Rom & Latium

CASTEL DEL MONTE 3

Das Kastell des Stauferkaisers Friedrich II. ist ein Arcitekturmythos weit über Apulien hinaus.

Tipp: Leg die Kamera auf den Boden in der Mitte des Innenhofs: Die achteckige Öffnung spiegelt die Zahlenmagie des Baus.

➤ S. 74, Die südliche Adria

ALBEROBELLO 4

Eine einzigartige Bauweise verbindet die runden, weißen *trulli*-Häuschen mit ihren spitzen, dunklen Dächern (Foto).

➤ S. 75, Die südliche Adria

AMALFIKÜSTE 5

Traumstraße zwischen Klippenküste, Meer und zauberhaften Ortschaften.

Tipp: Miete dir ein Boot, fahr aufs Meer hinaus und genieß die Perspektive auf einen Teil der Costiera Amalfitana.

➤ S. 98, Neapel & Kampanien